Comprendiendo a Sun Myung Moon

Volumen I

Comprendiendo a Sun Myung Moon

Volumen I

Cuadernos para la Paz

1ª Edición española: enero de 2022

Edición de la Federación de Familias por la Paz y la Unificación del Mundo de España
Email: administrador@unificacion.org
Web: www.unificacion.org

Publicado por la Editorial Cuadernos para la Paz
Email: cuadernosparalapaz@gmail.com

ISBN: 978-84-123590-5-3

Sumario

Editorial

Miguel Calvís.

En este nuevo volumen de la Revista Cuadernos para la Paz, os presentamos una serie de discursos de el Reverendo Sun Myung Moon, a lo largo de su vida.

Hay textos que van entre el año 1973 y el año 2001.

En estos textos hay una visión sobre distintos temas de la actualidad, que esperamos que os puedan ayudar en vuestro curso individual, y familiar para conseguir un mundo de paz y amor verdadero.

Son palabras de verdad que seguro que nos ayudan a todos, especialmente en los momentos en que nuestra sociedad nos toca vivir, y nos pueden hacer ver la situación individual, familiar y de nuestra nación, de una forma más profunda.

Agradeciendo vuestra atención, esperamos que podáis disfrutar con la lectura de estos textos.

La Esperanza de Dios para el Hombre

20 de octubre de 1973, Washington, D.C.

Damas y caballeros, ante todo me gustaría expresar de corazón mi apreciación por vuestra presencia esta noche. Le doy gracias a Dios por esta oportunidad, siempre he deseado visitar esta ciudad y encontrarme con todos vosotros.

Dado que no compartimos el mismo idioma, aunque hable, para vosotros seré mudo. Y desde mi punto de vista, aunque podáis escuchar, pareceréis sordos. Para solventar esta situación, necesitamos al hombre que está a mi lado para traducirme. Pero como sabéis, expresar en una lengua lo que se ha expresado en otra, no es tarea fácil. Por tanto, el hombre que está a mi lado necesitará realmente vuestra amable comprensión.

Esta noche mi tema es «La esperanza de Dios para el mundo». La naturaleza de este tema es amplia y su contenido es

Sun Myung Moon

más bien complicado. Intentaré centrarme en la esencia de la materia a tratar.

Sí, hay un Dios, Él definitivamente necesita al ser humano. Dios creó todas las cosas, pero el ser humano fue creado para ocupar la posición más elevada y sublime. En la historia ha habido muchas teorías referentes a esta relación. Abundan opiniones variopintas, conceptos teológicos y escuelas académicas, pero la relación existente entre Dios y el ser humano sigue siendo una pregunta sin respuesta. Es por tanto muy importante que nosotros entendamos correctamente la relación entre Dios y el ser humano.

Debido a que la relación entre Dios y el ser humano es imprescindible para nuestra vida, no podremos seguir adelante sin aclarar esta cuestión minuciosamente. Al tratar de encontrar la respuesta, nos damos cuenta de que se puede enfocar desde dos perspectivas. A pesar de que distintas religiones se han desarrollado por medio de estas dos visiones, debe haber un principio común a todas ellas, que pueda esclarecer la relación entre Dios y nosotros. Dios quiere que entendamos esta verdad en su definitivo sentido.

Lo más valioso es el amor

Si alguien os preguntara:«¿Qué es lo más valioso en vuestra vida?» algunos dirían: «El poder». Otros responderían sin lugar a dudas: «El dinero lo es todo». Aun otros sugerirían: «El conocimiento o la sabiduría». ¿Son entonces estas cosas (poder, dinero y conocimiento) las más importantes en la vida? Cuando abordamos la pregunta más profundamente surgen otros pensamientos. Pronto llegamos a la conclusión de que lo más importante en la vida es el amor. Y después del amor, lo segundo en significación es la vida misma. Aunque tengamos el amor y la vida necesitamos aún algo más, un ideal. Estos tres elementos: el amor, la vida y un ideal no sólo son preciosos y profundos en su valor, sino que son las cosas que hacen que nuestra vida valga la pena.

Consideremos aún algo más. Todos los seres humanos anhelan la vida eterna. De la misma manera, sentimos en nuestras manifestaciones humanas de amor e ideales, que estos deben ser inmutables, únicos y eternos. En la historia ha habido muchos poetas que han descrito la belleza del amor eterno. Ningún escritor se sentiría inspirado a ensalzar ese tipo de amor que cambia del día a la noche. Muchas religiones del mundo avalan la vida más allá de lo terrenal y apoyan la realidad de nuestro anhelo por la eternidad. Si una religión no enseña la vida eterna, no conseguirá su propósito.

Además, las palabras 'amor' e 'ideal' por sí solas no tienen valor. El amor sólo puede existir si hay alguien a quien amar y alguien que ame. Un ideal debe compartirse con alguien. El amor y el ideal cobran vida tan pronto como se establece una relación recíproca de dar y recibir. Estamos en la posición de "objeto" y siempre necesitamos a alguien en la de "sujeto". El amor y los ideales echan brotes, y florecen plenamente cuando los dos elementos se relacionan como sujeto y objeto.

¿Es el ser humano la causa, la fuente del universo o alguien nos ha creado? ¿Cómo puede el ser humano ser la causa del universo si ni siquiera se ha creado a sí mismo? Es obvio que somos seres resultantes. Somos los productos de alguna causa. Por ello, debe existir un sujeto o una razón. Debe haber una causa para la existencia del ser humano. Este sujeto, o causa, es entonces la realidad. Debemos estar tan seguros de ello como de nuestra propia existencia. No importa el nombre que se le pone a esa causa. Lo más importante es que está ahí y le llamamos «Dios».

Paseo en Barca en el lago Cheon Pyeong en Corea

Con su esposa y su hijo

Planteemos una pregunta a Dios: «¿Qué es lo más valioso para ti, Dios?». Su respuesta no será diferente a la tuya o la mía. Dios respondería: «Las cosas de más valor para mí son el amor, la vida y mi ideal». ¿Necesita Dios dinero? Él lo creó todo. Todo le pertenece de cualquier forma. No necesita dinero. ¿Necesita Dios poder? Él es la fuente de todo poder. ¿Y qué tal el conocimiento? Dios es omnisciente y la fuente de todo conocimiento. Sí, Dios es todas esas cosas, pero no puede tener el amor, la vida y su ideal por sí mismo. Necesita compartir, tener una reciprocidad con otro ser. Incluso Dios, que es todopoderoso, no puede experimentar el valor del amor, de la vida y del ideal estando solo. Por eso Dios creó a un a ser recíproco, al ser humano como su objeto.

Ahora preguntaré: ¿Por qué actuamos los seres humanos como lo hacemos? La respuesta es simple: porque Dios actúa de esa manera. Todas las facetas humanas se originan en Dios. ¿Por qué somos como somos? Porque Dios es como es. Somos espejos que reflejan las características de un Dios, que es como tú y yo. Dios es el origen. Por ello, nuestro amor proviene de su amor . Nuestra vida viene de Su vida y nuestros ideales vienen de Sus ideales. Sentimos que estas son las cosas más valiosas porque, antes que nosotros, Dios sintió de esta manera. Por eso, si Dios es absoluto nosotros debemos serlo también. Si Dios es inmutable, nosotros debemos serlo también. Y si Dios es único, nosotros también debemos serlo. Si Dios es eterno, nosotros también lo somos. Nuestra vida eterna no es una mera fantasía. Es una realidad. Ya que Dios es eterno, su objeto, el ser humano, debe haber sido creado para ser eterno. De otra manera no podemos reflejar la naturaleza de nuestro eterno Dios.

El ser humano es la encarnación de Dios. Si hay un Dios de amor, vida e ideal y no manifiesta todas esas cualidades en el

Sun Myung Moon en un momento de oración en Corea del Sur

Sun Myung Moon con su hijo Hyo Jin Nim

ser humano, que es su objeto, entonces Él defraudaría su propio propósito de la creación. O bien Dios proyecta todo su valor en su objeto, o no crea nada. Dios es el iniciador en relación con el ser humano y nosotros los que le responden. Los seres "respondientes" son el reflejo completo del ser iniciador. Dios y el ser humano son uno. El ser humano es Dios encarnado. De otra manera, nosotros no podríamos reflejar la imagen plena de Dios. Dios no pudo realizar "su alegría", el propósito de su creación. Si nosotros no somos tan perfectos como lo es Dios, no podemos reflejar el amor, la vida y el ideal divino. Por eso el ser humano, el objeto de Dios, es tan importante en valor como Dios mismo.

Estoy seguro de que algún transeúnte que me viera hacer gestos enérgicos y gritar en un auditorio vació diría: «Esa persona está loca». Pero si hubiera alguien con quien poder dar y recibir, alguien que pudiera responder, aunque fuera un niño pequeño, se me consideraría normal. La única diferencia es que alguien estaría conmigo. Pero digamos que no hubiera ni siquiera un niño en el auditorio, en mi desesperación podría coger una mota de polvo y hablarle invirtiendo mi corazón. Entonces no sería considerado una persona loca, ya que incluso una partícula de polvo podría servir como objeto.

Estoy intentando ilustrar el valor de un ser respondiendo. Como somos los seres recíprocos de Dios, Él nos ha colocado de igual a igual. Por tanto, el ser humano tiene el mismo valor que Dios y somos tan importantes como Él. A pesar de que Dios es el ser más elevado, más noble y más poderoso, Él necesita también un ser amado. Si no, no puede sentir alegría. Ni siquiera Dios puede sentir alegría por sí solo. Debéis comprender que Dios creó el universo y el ser humano para generar alegría. Pero la alegría de Dios permanece dormida hasta que pueda dar y recibir con su ser recíproco.

Hasta el momento, en el cristianismo, hemos puesto a Dios tan alto en el Cielo, y al hombre tan bajo en el Infierno que ha existido un abismo infranqueable entre ellos. Un río ancho y turbulento separa a Dios y al ser humano. El ser humano no se atreve a acercarse a Dios como una realidad viva. Hemos sido inconscientes de que Dios está tan cerca, tan real y tan accesible, que incluso podemos morar con Él. Se supone que debemos ser los templos vivos de Dios. Sin embargo, el cristianismo convencional ha sido incapaz de hacerlo una realidad.

No importa si eres rico o famoso, si no tienes a alguien con quien dar y recibir, compartiendo gozo, preocupaciones, opiniones, alegría o tristeza, y tus ideales, eres sencillamente un pobre hombre. Nosotros sentimos alegría y tristeza porque Dios las siente. Hasta ahora no había llegado el momento en el que hemos creído que Dios podía sentir pena, entusiasmo o indignación, igual que nosotros. Nosotros, los seres recíprocos de Dios, sentimos emociones porque nuestro ser causal, Dios, las tiene. Dios es la primera personalidad, y nuestra personalidad proviene de la suya. ¿Cómo podemos convertirnos en verdaderos seres recíprocos de Dios? ¿Sólo con nuestros esfuerzos y trabajo duro? No. Sólo hay una manera de unirse a Dios. Es el camino del amor, una unión en amor con Dios.

Permitidme ilustrarlo. Suponed que hay un hombre célebre. Luego, una mujer humilde y sin pretensiones y además, más bien fea y carente de educación formal. Sin embargo, una vez que este gran hombre y su humilde mujer establecen la relación recíproca de dar y recibir en amor, la situación se igualará instantáneamente con su nivel de prestigio. Digamos que este señor se llama Jones y se enamora de esta mujer y se casa con ella. Entonces ella se convierte en la Sra. Jones y devuelve todo su amor con todo el corazón. La Sra. Jones compartiría todo poder, autoridad y prestigio con el Sr. Jones. ¿Qué nos enseña esto? Que una vez que tengamos una relación de amor con Dios y nos unamos a Él, nuestro valor incrementará inmediatamente y llegará a ser como el valor de Dios. Este tipo de amor es de naturaleza inmutable, eterna y única.

El Alfa y el Omega

Hoy es el momento en que debemos desarrollar nuestra relación fundamental con Dios. El sujeto y el objeto deben unirse, de la misma forma como lo hacen la causa y el efecto. Por eso, la Biblia dice: «Yo soy el Alfa y el Omega, el primero y el último, el principio y el fin» (Apocalipsis 22, 13). En Dios, dos son uno. Él es el principio y nosotros somos el fin. Él es el primero y nosotros somos el último. La relación entre Dios y el ser humano es un circuito porque el principio y el fin se enlazan como uno.

La paz, la felicidad y la alegría son los frutos de la armonía en amor. Por ello, en el ideal de la creación de Dios, Él planeó que su relación con el ser humano fuese de armonía en amor, en vida y en ideal.

Por tanto sabemos que Dios es el sujeto y nosotros el objeto. Sabemos también que el objeto es tan valioso como el sujeto. Ahora nos gustaría saber cuál es precisamente el valor del ser humano como el objeto de Dios.

Cuando Dios creó al ser humano le dotó de sabiduría y ambición. Con la sabiduría comparamos, y con la ambición luchamos por lo mejor. Si tenemos dos elecciones frente a nosotros, a y b, automáticamente vamos a compararlas para determinar cuál de las dos es la mejor. Nuestro deseo humano nos hace comparar, y la ambición no nos deja descansar hasta que hayamos obtenido la realización final.

Permitidme usar otra analogía. Digamos que hay un hombre muy apuesto. No sólo es un galán, además tiene todo el poder y conocimiento. Estarías ansioso por tener una relación con ese gran hombre. ¿Qué tipo de relación os gustaría tener? ¿Os gustaría ser solamente sus siervos? No, en vuestro corazón sabéis que hay algo mejor que ser siervo. ¿Os gustaría ser solamente sus amigos? No, todavía no estaríais satisfechos. ¿Os gustaría ser sólo sus hijos adoptivos? No lo creo. Todavía anhelaríais un lugar más cercano. Hay una relación más íntima; Se trata de llegar a ser el hijo o la hija de ese hombre. Con esa relación habrás alcanzado la realización definitiva, y no podrás desear nada más.

¿Por qué queremos llegar a ser verdaderos hijos e hijas? Porque así podemos recibir el pleno amor de ese hombre. No hay relación más profunda en la sociedad humana que la que hay entre padre e hijo. Una vez que tienes el amor de tu padre, poseerás todo lo que le pertenezca. Toda la alegría del padre, todo su poder, todas sus habilidades, sabiduría, ambiciones y deseos serán tuyos. Para que un hijo reciba el amor del padre no hay necesidad de ningún protocolo, papeleo, o ceremonia. El padre y el hijo son indefectiblemente uno. Este principio se aplica tanto a la relación entre humanos como a la relación entre Dios y el ser humano.

El verdadero hijo de Dios

¿Qué tipo de relación os gustaría tener con Dios? ¿Os contentaríais con ser sus siervos? ¿O preferiríais ser sus amigos? ¿Preferís ser sus hijos adoptivos o encontraríais el camino de ser sus propios hijos? Sé que no estaríais satisfechos con nada menos que ser hijo o hija de Dios, la posición suprema.

El propósito final de la creación del ser humano es el de darle todo su amor, toda su vida, y todo su ideal. Debéis ocupar todo el amor de Dios hasta el fondo de su corazón. Vuestro deseo será saciado convirtiéndoos en hijos e hijas verdaderos de Dios. Este es vuestro destino final. Estaréis saturados con el amor de Dios. Estaréis llenos de alegría y os sentiréis sobrecogidos por una satisfacción plena de la vida.

El júbilo no tiene límites. La felicidad no tiene fin. Cuando permanecéis en el amor de Dios, cada célula de vuestro cuerpo salta de alegría. Inhaláis y exhaláis al unísono con el universo entero. En este estado vuestra vida está realizada. Dios quiso que viviéramos de esa manera. Y mediante nuestra alegría Dios siente alegría también. La alegría del ser humano es la de Dios y la de Dios es la del ser humano.

A temprana edad Dios me llamó para llevar a cabo una misión, como su instrumento. Fui llamado para revelar su verdad por Él, como su profeta, me he comprometido sin reservas en busca de la verdad, investigando los montes y los valles del mundo espiritual. Y de repente, el cielo se abrió ante mí. Tuve el privilegio de comunicarme con Jesucristo y con el Dios vivo en persona. Desde entonces he recibido muchas revelaciones sorprendentes. Dios mismo me dijo que la verdad básica y central del universo es que Él es el padre y nosotros somos sus hijos. Fuimos todos creados como los hijos de Dios. Y dijo que no había nada mas íntimo, más profundo y más sublime que la unión entre padre e hijo. Unidos en el amor, en la vida y en su ideal.

El punto central donde padre e hijo se encuentran está constituido por el amor, la vida y el ideal. Una vez unidos, el amor de Dios se hace nuestro, la vida de Dios es nuestra, y el ideal de Dios es nuestro ideal. Ninguna otra relación te proporciona más unidad de amor, de vida y de ideal que la de padre-hijo. Esta es la realidad fundamental del universo.

¿Cómo llegamos a existir en este mundo? El padre y la madre se unen en amor y funden sus vidas e ideales. Su amor ha precedido nuestra vida. El amor es la fuerza que une. El marido y la esposa se unen en amor. Es decir, la esposa construye el amor, la vida y el ideal del marido; y el marido construye el amor, la vida y el ideal de la esposa. De esta manera los dos conviven y se hacen una sola carne. Una nueva vida es generada sobre la base de esa fusión de amor, vida e ideales.

Cuando nace un niño, trae consigo la manifestación del amor de los padres, de su vida y de sus ideales. Cuando ves a tus hijos, en realidad, estás viendo otro tú. Estás viendo el fruto de tu amor, de tu vida y de tus ideales. Es tu segundo yo, otra forma visible de ti mismo.

Expandamos ahora esta verdad a escala universal. Dios creó al hombre y a la mujer como sus hijos e hijas. Quiere verse a sí mismo en los seres humanos. La Biblia dice: «Dios creó al hombre a su imagen, a imagen de Dios los creó, macho y hembra los creó» (Génesis 1, 27).

El ser humano está creado a imagen y semejanza de Dios. En otras palabras, Dios se encarnó en el ser humano. El ser humano es el espejo del Dios vivo, y cada virtud, característica y cualidad está reflejada en ese espejo. Dios, con toda seguridad, quiere que su amor, su vida y sus ideales se reflejen en ese espejo. El ser humano es el fruto del amor, de la vida y de los ideales de Dios.

El estado de perfección

¡Qué maravilloso, qué sencillamente fantástico es vivir una vida perfecta de Dios! Esta es la verdadera vida de alegría, inigualable por ninguna otra alegría mundana. Una vez alcanzado este estado no hay necesidad de oración. ¿Por qué lo harías? Estás frente a frente con Dios, y vives de corazón a corazón con Él. Conversas con Él. No necesitas religión, ni tampoco un salvador. Todos los aspectos de la religión son parte del proceso de curación, de restauración. Una persona con una salud impecable no necesita un médico. El hombre en unión perfecta con Dios no necesita un salvador.

La vida en unión con Dios es la manera más gloriosa de vivir; la vida con Dios, la vida en Dios, y Dios viviendo en ti. Este era el estado espiritual de Jesús cuando dijo: «¿Crees que yo estoy en mi padre y mi padre está en mí»? (Juan 10, 14). Dios y el hombre se abrazan en un amor que lo llena todo. Este es el estado donde apreciamos la realidad del Dios viviente. Ya no crees más, sino que sabes. Y vives la verdad. Si realmente sientes este amor y unidad con Dios, entonces habrás probado la experiencia suprema de la vida. Supongo que entre la audiencia hay muchos pastores cristianos; sin embargo, ¿cuántas personas han tenido una experiencia real con el amor profundo de Dios?

Dios hizo al hombre para vivir centrado en el amor. El ser humano está hecho para conectarse con el amor de Dios. Ya que el hombre ha perdido la capacidad original, busca una intoxicación innatural, artificial: emborrachándose, drogándose con marihuana, etc. El hombre perfecto, en cambio, se intoxica en el amor de Dios. No hay nada que pueda superar este sentimiento de gozo. Vuestros ojos y orejas, los tejidos de la cara, vuestros brazos y piernas, todo será revivido en un arrebato de alegría. Nada puede comparase con la calidad de esta alegría. Este es el plan original de la creación de Dios. Cuando dices «Padre Celestial», ¿tienes realmente un sentimiento vivo y vibrátil de la presencia de Dios? ¿No te gustaría escuchar a Dios responder: «Sí, hijo mío»?

Aquí esta mi regalo para vosotros esta noche. Él quiere que sepáis que la verdadera relación entre Dios y el ser humano es la de sujeto y objeto. Sois los hijos y las hijas de Dios. Una vez que os hayáis unido a Dios, nada podrá perturbaros. Ni las penas, ni la soledad, ni la enfermedad, nada tendrá la facultad de desanimaros. Dios es nuestra seguridad última. Aunque pagaras millones de dólares no podrías comprar ese tipo de seguridad. No tiene precio. Es la experiencia completa de vivir. Estamos destinados a vivir con Dios.

Vuestra vida es por tanto lo más valioso en el universo. Por eso Jesús dijo: «¿De qué le sirve al hombre ganar el mundo, si pierde su vida»? (Mateo 16, 20). Jesús hablaba de la vida en Dios. La vida sin Dios es como una bombilla fundida que no puede dar luz. Una vida sin Dios es sinónimo de muerte.

Jesucristo ha sido el hombre que ha vivido el ideal de Dios en su realización última. Fue la primera persona perfecta que anduvo sobre la Tierra, y vino a restaurar la verdadera relación entre Dios y el ser humano. Pero después de su crucifixión, el cristianismo le convirtió en Dios. Por eso el abismo entre Dios y el ser humano nunca ha sido cubierto. Jesús es el hombre en quien Dios se encarnó. Pero no es Dios mismo. En la Biblia, en 1 Timoteo 2, 5 se dice: «Porque hay un Dios y un mediador entre Dios y el hombre, Jesucristo, hombre también». La morada de Dios en Jesús es una realidad total. Él dijo: «¿No creéis que el Padre está en mí y yo en el Padre?». Jesús es, de hecho, el hijo unigénito de Dios, pero Dios no quiere tener sólo a Jesús como su hijo. Toda la humanidad ha sido creada para poder decir: «Yo estoy en el Padre y el Padre está en mí». Esta es la meta que todos podemos alcanzar.

El punto de vista de Dios sobre el bien y el mal

El primer paso para ser verdaderos hijos e hijas de Dios es comprender claramente el punto de vista de Dios sobre el bien y el mal. ¿Qué es el bien y qué es el mal?

No nos interesa una definición hecha por el hombre. Dios define el estándar eterno del bien y del mal. La definición clara del bien y del mal existió en el tiempo de la creación, mucho antes de que estos conceptos llegaran a existir en el Jardín del Edén. El punto de vista de Dios sobre el bien y el mal nunca cambiará. Dios es eterno, y a pesar del paso del tiempo, su definición es eterna e inmutable.

Todas las facetas humanas vienen de Dios. Reconocemos que hay una tendencia al egoísmo en el ser humano. Esto es natural porque Dios mismo fue egocéntrico. Este hecho puede sorprenderos, pero debéis entender que antes de crear al hombre y al universo, Dios estaba solo, sin nadie por quien preocuparse más que de sí mismo. No obstante, desde el mismo instante en que empezó a crear, germinó su concepto pleno de la vida. Ahora Dios vive para su contraparte, no para sí mismo.

¿Qué es la creación? La creación no es otra cosa que el Creador, Dios, proyectándose en una forma sustancial. Se encarnó simbólicamente en el universo y directamente en el ser humano. La creación aparece cuando el espíritu cobra forma. Dios se invirtió a sí mismo en la creación. La creación es la inversión de energía de Dios.

En el libro del Génesis, en la Biblia, la creación parece algo sencillo y fácil. El Génesis nos da la impresión de que la creación de Dios se realiza con el poder de su palabra. Dios sencillamente dice: «Hágase el mundo» y el mundo aparece. Luego dice: «hágase el hombre» y allí cobran existencia Adán y Eva sin más. Pero ahora ha sido revelado que en absoluto ha sido tan fácil. Dios lo invirtió todo de sí mismo a la hora de crear. No reservó ni una sola gota de energía. La creación fue su obra completa. Su esfuerzo total por darlo todo de sí mismo. Cuando Dios puso su corazón y alma en la creación de su objeto, estaba invirtiendo un cien por cien de sí mismo. Sólo de esta manera podría crear su segundo yo, el Dios visible.

Por ello, después de crear, Dios ya no existía sólo para sí

mismo. Dios empezó a existir para su hijo e hija, Adán y Eva. Existe para dar, para amar; Dios es una existencia totalmente desinteresada. Dios no puede existir solo. 'Amor' e 'ideal' sólo cobran significado cuando hay alguien con quien establecer una relación complementaria. Dios inició la creación e hizo una inversión que no puede perder. En algún sentido, Dios al invertir todo su amor, su vida y su ideal en su segundo yo, debía sacar de allí algún beneficio. Dios sabía que si invertía todo lo que tenía, el cien por cien, su ser recíproco maduraría y devolvería multiplicados los frutos del amor, de la vida y de su ideal. Para Dios, su ser recíproco, el ser humano, lo es todo. La vida del ser recíproco atrae a Dios. Dios quiere morar con su ser recíproco, el ser humano.

Veamos una analogía. Suponed que hay un gran artista, si trabaja por azar, sin ningún sentimiento, no podrá crear nada de valor. Para crear una obra maestra en su vida, el artista debe poner todo su corazón y alma en su creación. Es la única manera en la que el artista puede lograr una obra de arte extraordinaria. Un artista que trabaja de esa forma convierte su labor en su vida.

Dios es el más grande de todos los artistas. Cuando creó su obra maestra, el ser humano, volcó su corazón en el proceso. Invirtió su alma en el mismo. Vertió toda su sabiduría y energía. Dios deseaba existir sólo para Adán y Eva y para toda la humanidad. Dios no escatimó ni una sola gota de energía a la hora de crear. El ser humano ha llegado a ser la vida de Dios.

La bondad es darlo todo

Dios marcó el patrón para el universo. En la existencia ideal vivimos los unos por los otros. El sujeto, el que inicia la relación, existe para el objeto, el ser respondiente y viceversa. La definición de Dios de la bondad es darse, servir completamente y un desprendimiento absoluto. Deberíamos vivir por los demás. Dios vive para el hombre y el hombre vive para Dios. El marido vive para la esposa y viceversa. Eso es bondad. De donde crecen la unidad, la armonía y la prosperidad.

¿Te molestarías si te dijera que como hombre fuiste creado para una mujer? Quizás algunos de vosotros estéis orgullosos de vuestra virilidad y no os guste escuchar esto. Pero este es el principio de la creación de Dios y no debéis sentiros tristes por estas palabras. El ser humano vive para su compañero, no para sí mismo.

Supongamos que una de vosotras, damas, es una reina hermosa. No importa lo hermosa que seas, esa belleza no es para vuestra propia gratificación, es para deleitar a un hombre. Fuimos creados para vivir por los demás. Ese es el motivo de nuestra existencia, existir por otros, para un objeto, para un ser complementario. Este es el principio que se aplica a todas las relaciones humanas en la sociedad. Los padres existen para sus hijos y los hijos para sus padres. Entonces, ambos, los padres y los hijos, al dar desinteresadamente, se unirán en un movimiento circular.

El movimiento circular es unión. La acción de dar y recibir crea el movimiento circular. Sólo el movimiento circular tiene naturaleza eterna ya que no tiene fin. Por ello, como Dios creó para la eternidad, toda Su creación se basa en un modelo de movimiento circular. Incluso nuestra cara tiene forma redondeada, aunque haya una línea central vertical. Nuestros ojos globulares son redondos, tenemos el labio superior y el inferior que juntos forman una boca redonda. El Sol, la Luna, la Tierra, y todos los cuerpos celestes son esféricos. Cada uno gira alrededor de su propio eje y orbita alrededor de otros. Todo en el universo tiene relaciones de dar y recibir complementarias entre elementos sujeto y objeto. La acción de dar y recibir entre las arterias y las venas permite que la sangre circule por el cuerpo. Las enfermedades surgen cuando el equilibrio entre dar y recibir se interrumpe y como consecuencia detiene la circulación normal. Nada puede existir para siempre sin esta acción de dar y recibir entre sujeto y objeto, sin vivir acorde a este principio. Toda existencia basada en el principio de Dios es buena.

¿Qué es entonces el mal? El mal apareció cuando el egoísmo se manifestó en el mundo. El principio de dar incondicionalmente se tergiversó en un principio impío de tomar egoístamente. La actitud perversa de querer ser servido y no servir apareció en ese momento. El origen del mal es Satán. Debía servir a Dios, y, sin embargo, se contrapuso como otro dios y sometió al ser humano para su provecho. Dios es la fuerza positiva absoluta en el universo. Satán se contrapuso como otra fuerza positiva. Dos positivos se repelen naturalmente. Satán es un arcángel caído. Abandonó su posición de servir a Dios y al ser humano para retar a Dios y competir con Él. Su motivación fue el egoísmo. De su egoísmo salió el origen del mal y del pecado.

Esto es lo que ocurrió: Eva cayó, dejó de ser la primera hija de Dios. Fue la primera víctima de Satán, transformándose en una criatura con excesivo amor hacia sí misma. Luego, Satán y Eva juntos llevaron a Adán a su mundo de egoísmo. Este evento trágico separó a Dios del ser humano en el Jardín del Edén. Con ello, Satán se erigió como soberano de este mundo y semilla de la historia del mal. El egoísmo cobró vida en el inicio de la historia humana, y ahora nuestro mundo está colmado de asesinatos, mentiras y hurtos. Todas esas acciones malas radican en el egoísmo. El mal somete a otros para su propio beneficio, mientras que el bien se sacrifica a sí mismo por los demás.

Desde la caída del hombre, Dios ha trabajado para restaurar la bondad original. Él quiere destruir el mundo del mal y

Arriba: Sun myung Moon con su esposa Hak Ja Han
Abajo: Su esposa y uno de sus hijos

crear el mundo del bien. Hemos perdido nuestra salud. Hemos enfermado. La salvación de Dios es por tanto la restauración del hombre hacia un estado de salud.

Dios sembró la semilla del bien, pero antes de poder recoger los frutos, Satán invadió con su nocivo germen, cosechando malos frutos. Por eso, Dios debe volver a sembrar la semilla del bien. Y para hacerlo, necesita ciertos medios. Las religiones del mundo han servido como medios para el trabajo de Dios. A lo largo de la historia, buenas religiones han enseñado el camino de vida divino. La forma de vivir de Dios se centra en el amor sacrificado y el deber. El cristianismo puede considerarse la religión más avanzada y progresista porque enseña este amor sacrificado y el deber de la manera más sublime.

Jesús vino como salvador, una de sus enseñanzas fue que el Hijo del hombre no viene a ser servido sino a servir. (Mateo 20, 28). Jesús dijo que el amor más grande del universo es dar la vida por los enemigos. Las enseñanzas de la Biblia son contrarias a la norma común de la sociedad mundana. Es diametralmente opuesto al camino egocéntrico de este mundo. La Biblia enseña a entregarse completamente y el sacrificio pleno. «El que busque la vida la perderá, el que pierda la vida por mi causa, la ganará» (Mateo 10, 39) Parece incluso estúpido vivir de esa manera en una sociedad mala. Pero una vez que conozcáis el principio de Dios, os daréis cuenta de que no hay mayor sabiduría que esta.

Se recoge lo que se siembra

Las enseñanzas de Jesús versaban sobre el corazón de esta verdad fundamental. Cuanto más das, tanto más recibirás. Dios recompensa la plena entrega con amor completo, y el sacrificio total con la vida plena. Dar crea espacio para que penetre el amor de Dios. Cuanto más vacío hayas creado al dar a los demás, tanto más rápidamente serás llenado del flujo del amor de Dios.

Si quieres que te traten bien debes tratar bien a los demás. Recoges lo que siembras. Siembra el bien y recogerás bondad, siembra el mal y recogerás maldad. Debes preocuparte de dar el bien. En cuanto a la respuesta, debes confiar en Dios. Él se ocupará de ello.

Demos un ejemplo de una persona buena y otra mala. Digamos que alguien tiene diez amigos. Día tras día esta persona sirve sacrificadamente a sus diez amigos. Y, como no podría ser de otra manera, la gente tiene que querer a esta persona. Se convierte en el mejor amigo de esas diez personas. Su influencia se expandirá a los familiares de esas diez personas. Esta persona prospera dando incondicionalmente. Es el centro de la armonía y de la unidad porque vive de acuerdo al principio de Dios. El altruismo trae consigo la prosperidad. Este es un hombre bueno.

Pero suponed que esta persona dijera lo opuesto a sus amigos: «Vosotros diez, dádmelo todo a mí, estáis aquí para servirme». Antes de que hubiera dicho esto tres veces, todos sus amigos habrían cortado su relación con él. No querrían saber nada de él. Se quedaría solo. ¿No es así, incluso en nuestra sociedad? Es una verdad universal. Una doctrina o filosofía centrada en sí misma y una forma de vivir egoísta, te precipitarán rumbo a la autodestrucción. Pero si vives por los demás, encontrarás la prosperidad. Puede parecer que acabarás arruinado si vives así pero no será así. La única razón por la que no puedas prosperar es porque no hayas llegado hasta el final. A mitad de camino, de repente, te vuelves escéptico. Tu corazón cambia o te deslizas del principio divino de darlo todo. Los buenos resultados no se manifestarían nunca. Darse completamente es el camino hacia la prosperidad porque Dios vive así.

Si alguien se sacrifica por otra persona será un héroe para otros. Si una familia se sacrifica para otra familia será una familia heroica. Pueblos y naciones que se sacrifican por el bien de otros serán los campeones de las naciones. Una persona que da su vida por sus padres, es un hijo de piedad filial. Alguien que da la vida por su rey, es un sujeto leal. Una persona que da su vida por la humanidad, es un santo.

Jesucristo proclamó la misma verdad que estáis oyendo esta noche. Luchó por el cumplimiento de la verdad de Dios en la Tierra. No vino a satisfacer los intereses nacionales de Israel, sino a salvar al mundo entero.

La intención de Dios para el pueblo elegido de Israel era que sirviera como preparación para ser el instrumento del Mesías en su misión de salvación del mundo. El pueblo israelita no lo sabía. Concibieron la llegada del Mesías como la de un conquistador militar invencible que restauraría el imperio político del rey David para la gloria de Jesús. ¡Qué equivocados estaban!

El propósito de Dios no es salvar a una persona, una iglesia o una nación en particular, es salvar al mundo. Por eso, la verdadera Iglesia se sacrifica por el bien del mundo. Sí, los verdaderos cristianos deben estar dispuestos a sacrificarse por la salvación de toda la humanidad. Sin embargo, la enseñanza del cristianismo es egocéntrica hoy en día. Los cristianos andan buscando su propia salvación. Los cristianos imploran «mi salvación» y «mi cielo». Esto está en contra de la verdad y del ideal de Dios. Debemos dar, amar y vivir inalterablemente por los demás.

Todos debemos trabajar por una forma de vida ideal. Yo existo para mi familia, mi familia existe para la sociedad, la sociedad para la nación, la nación para el mundo y el mundo para

Dios, y Dios existe para ti y para mí, para toda la humanidad. En este gran círculo de reciprocidad hay armonía, unidad y un proceso eterno de creciente prosperidad. Además, como en este circuito, toda existencia cumple el propósito de la creación, hay una profusa y profunda alegría. Este es el reino de los Cielos en el que rebosan los sentimientos de felicidad.

En el mundo de hoy las naciones viven solamente para sus intereses nacionales. Conspiran, engañan y mienten. Destruyen a otras para su beneficio como nación. ¿Hay algún país en el mundo que jure a Dios: «Dios, usa esta nación como sacrificio en tu altar, si esta es la manera en que puedes salvar al mundo»? Decidme, ¿dónde está semejante nación?

Es un hecho reconocido que EE. UU. disfrutó de su "era dorada", cuando mostraba un espíritu de servicio y sacrificio al mundo, y de ayuda a otros necesitados entregando sus vidas y su dinero. Pero ahora la actitud de EE. UU. se ha vuelto egoísta. Los problemas domésticos son muy difíciles. La situación en EE. UU. es caótica. Hoy por hoy, hay más división, más corrupción y grandes problemas azotando a este país.

No estoy criticando a ninguna gente o nación. Solamente estoy proclamando la verdad celestial que toda la humanidad necesita.

Yo empecé la Iglesia de la Unificación. Si esta Iglesia existe solamente para su propio bienestar, esta condenada a perecer. He fundado la Iglesia para poder dar mi vida, mi corazón, y mi alma para hacer progresar la salvación del mundo. Entre la audiencia hay muchos miembros de la Iglesia de la Unificación. Su gran deseo, su única motivación es servir a otros, salvar a esta nación y al mundo. Jesús no enseñó a sus discípulos leyes de represalias. Les dijo: « [...] si alguien os golpea en una mejilla, mostradle la otra, si alguien os fuerza a andar una milla, andad con él dos [...]» (Mateo 5, 39-41).

Nunca debes vengarte, sólo debes dar plenamente, y Dios te lo devolverá en abundancia.

Cuando Jesús fue crucificado, los soldados romanos le atravesaron. Jesús oró por sus enemigos: «Perdónales, Padre, porque no saben lo que están haciendo». Incluso en el mismo momento de morir en la cruz, Jesús fue tan sincero a la hora de perdonar. Su última acción estuvo motivada por su amor al enemigo. Era la forma suprema de dar, un paradigma del amor. El ejemplo de Jesús es el estándar absoluto para la humanidad. Imaginad a una nación entera compuesta de ciudadanos como Jesús. Eso se llamaría el reino de los Cielos en la Tierra, no puede ser de otra manera.

Jesús ha sido el Señor de toda la vida dada su inigualable forma de darse, de amar y de sacrificarse. Será el Señor para siempre. De manera similar, no hay nadie en el universo que pueda sobrepasar el amor desinteresado y el darse plenamente de Dios. Él reina sobre toda la creación.

Mirad el declive de Roma. El grandioso Imperio romano cayó frente al ejército desarmado de Jesucristo. ¿Con qué medios conquistaron los cristianos Roma? La conquistaron con amor y sacrificio al entregarse completamente aun a riesgo de sus vidas. La historia ha sido testigo de que ningún imperio puede oponer resistencia a un ejército de amor y sacrificio. Y esta historia se repetirá.

Hasta ahora no sabíamos muy bien cuál era la definición del bien y del mal. No estábamos seguros de dónde comprometernos, cuándo actuar, ni qué servir. Ha sido la fuente de mayor confusión. No podemos convertirnos en cristianos que mueren por su propio bienestar. Como cristianos, debemos imitar el estilo de vida de Jesús y darnos en sacrificio total por los demás, para que otros puedan vivir. Este es el camino de Dios.

El mundo actual está evocando la ira de Dios. Realmente se merece su juicio incomparable. Pero Dios es amor, y por amor constriñe su enfado porque nos quiere salvar, y por eso Él lleva sufriendo muchísimo tiempo. Nos está dando una oportunidad para cambiar. Está esperando.

Sé que la cultura occidental se caracteriza por el individualismo. Empero, aunque el individualismo egoísta esté destinado a perecer, el individualismo sacrificado florecerá. La individualidad en sí es buena. Dios nos dio a cada uno una manera única de vivir. Pero el individualismo sin Dios sólo puede construir castillos en las arenas de declive.

La revolución silenciosa

Puedo ver un gran cambio, veo aparecer una gran oleada de revoluciones en los Estados Unidos, no por fuego, no por balas, sino por la verdad de Dios, prendiendo una revolución en los corazones humanos. He venido aquí para encender esta revolución espiritual. No necesito manifestarme frente a la Casa Blanca, la respuesta no está allí, sino en los corazones de los hombres, en la revolución silenciosa del egoísmo al altruismo.

¿Podéis imaginaros lo maravillosa que sería la sociedad ideal? Los individuos servirán a sus familias, las familias a las sociedades, las naciones servirían al mundo, el mundo a Dios y Dios te serviría a ti. Quien dé más será el que conozca a Dios más profundamente.

Algunos jóvenes quizás quieran decirme: «Reverendo Moon, ¿has venido aquí para repetirnos lo de siempre?». Pero no es así en absoluto. No hablo de teorías sino de la vida. Os estoy diciendo que cada uno está aquí para vivir la verdad, como lo hizo Jesús. Esto no es teoría, no es filosofía, no es una doctrina teológica. Es la verdad suprema de Dios, no para discutirse, sino para vivirla.

Cuando el hombre haga de esta verdad su vida, traerá el cambio más grande sobre la faz de la tierra. Aunque en algún sentido sabéis la verdad de las cosas que os he dicho, todavía nadie cree en ellas. Ya que nadie ha creído en la verdad, nadie ha vivido acorde a ella. Esta verdad es tan vieja como Dios, y tan nueva como el siglo veinte. La verdad debe vivirse. Si la revelación del principio divino ha hecho real esta antigua verdad en tu corazón, entonces habrás hallado de hecho una verdad totalmente nueva. El principio divino está tocando el corazón de millones de jóvenes, mostrándoles el camino hacia nuestro Dios real. Gente en todas partes del mundo está aprendiendo que Dios es absoluto y perfecto, y que el Dios perfecto requiere al ser humano perfecto como objeto. Jesús dijo: «Sed perfectos, como es perfecto vuestro Padre en el Cielo» (Mateo 5, 48). Él está indicando claramente que el modelo de valor del ser humano es la perfección de nuestro Padre Celestial. En caso contrario, no podremos ser los seres recíprocos de Dios y no nos podrá aceptar. Todos nosotros queremos ser perfectos. Todos queremos el Cielo en la Tierra, pero nos preguntamos: «¿Cómo hacerlo?».

Nos cuestionamos, en primer lugar, si es posible que el hombre sea perfecto. Algunos opinan, con aparente justificación, que aspirar a la perfección es una gran equivocación y que no hay más que ver cómo estamos los hombres. Señalamos el pecado y el sufrimiento, inherentes incluso en las cosas más sagradas. Decimos: «Sólo Dios es perfecto». Sin embargo, si entendemos plenamente el diseño del ser humano en el concepto del Dios de la creación, comprenderemos que la perfección está a nuestro alcance.

En el ideal del Dios de la creación, fuimos diseñados como templos de Dios, del espíritu de Dios, donde Él es el maestro.

«¿No sabéis que sois los templos de Dios y que el espíritu de Dios mora en vosotros»? (1 Corintios 3, 16).

Fuimos diseñados para ser los templos de Dios. Cuando logremos semejante estado, dejaremos de tener una voluntad corrupta. No harán más falta restricciones ni leyes, porque la voluntad de Dios será la nuestra. Con su espíritu habitando en nosotros, nos moveremos como Él nos dicte. Entonces lograremos la perfección porque nos dirigirá una fuerza perfecta.

Cuando el hombre alcance esta meta definitiva estará perfectamente unido a Dios. Ya no vivirá sólo en el nivel humano, sino en un nivel divino. Adoptará las cualidades de Dios puesto que el Espíritu mora en él y le posee como un templo perfecto, reflejando las virtudes y el poder divinos. Por tanto, el hombre puede ser perfecto como es perfecto el Padre Celestial. Este era el patrón original que Dios pretendió para la humanidad a través de Adán.

El matrimonio es el medio más importante para realizar el reino de los Cielos en la Tierra. Adán y Eva fueron el primer hijo y la primera hija de Dios. Nacieron de Dios, crecieron con Dios, y hubieran madurado en perfección en Dios. El Padre pretendió unir a Adán y Eva en matrimonio celestial. Hubieran engendrado hijos e hijas sin pecado, convirtiéndose en verdaderos padres de toda la humanidad. Serían los primeros reyes estableciendo el reino de los Cielos en la Tierra.

¿Ha existido alguna vez un reino semejante? No. Al contrario, la historia empezó en una dirección equivocada. A partir de este primer paso en falso, Satán ha sido el dios falso del mundo. Por tanto, Dios trata de restaurar. Su propósito de salvación es, por ello, restaurar la nación ideal a fin de tener verdaderamente su reino en la Tierra. Dios necesita un modelo para ello. ¿Quién puede ser el modelo de perfección para la Tierra? El Mesías viene para satisfacer esta necesidad. Jesús vino como el Mesías. Encarnó el modelo de perfección para todos los niveles: el individual, el familiar, el social, el nacional y el mundial. Vino para establecer un mundo ideal a lo largo de su vida, no después de un periodo de siglos.

Antes de que Dios enviase a su salvador y representante , Jesucristo, preparó el terreno con el pueblo elegido de Israel. Ellos eran el fundamento para el Mesías. La gente de Israel podría haberse perfeccionado, a sí mismos y a su nación, si se hubieran unido a la venida del Señor. El reino de Dios habría sido una realidad física en aquel tiempo.

La misión de Jesús

Pero Jesús no fue aceptado por su pueblo. Al revés, se encontró con rechazo en cada nivel. Se le denegó la oportunidad de tomar una esposa en el papel de Eva restaurada, y establecer con ella la primera familia centrada en Dios. En vez de ello, el pueblo de Israel le clavó en la cruz. Leemos en 1 Corintios 2, 8: « sabiduría desconocida por todos los príncipes de este mundo, pues de haberla conocido, no hubieran crucificado al Señor de la gloria». Por eso, la misión de Jesucristo en la Tierra quedó inacabada. La historia de la providencia de Dios es muy, muy triste. Para consolar el corazón de Dios y hacer su trabajo, debemos conocer claramente los pormenores y el proceso de la restauración.

Cuando Dios creó al ser humano, colocó a Adán y Eva, el hombre y la mujer, en el Jardín del Edén. Ambos se unieron con Satán y pecaron, apartando a Dios. En el proceso de la restauración, este Dios solitario debe recuperar a Adán y Eva. Jesús vino como el Adán sin pecado, o el Adán perfecto. Su primera misión fue, por ello, restaurar a su novia e instaurar la primera familia de Dios. Todas las generaciones caídas serían injertadas en Él como el verdadero árbol de olivo. Familias, tribus y naciones serían restauradas. Hubiera reinado la perfección. El estado sin pecado del reino de los Cielos podría haber sido una realidad durante los últimos dos mil años. Por eso 1 Corintios 15, 45 dice que Jesús es el «el último Adán» o el «segundo Adán».

Jesús vino, pero fue crucificado. No se le dio la oportunidad de restaurar a su novia. Por eso Jesús prometió la segunda venida. Jesús debe volver de nuevo para completar lo que dejó sin hacer hace dos mil años. Dejadme repetir; Jesús era un hombre, no el mismo Dios. Cuando él retorne a la Tierra lo hará como un hombre, con el papel del tercer Adán.

Entendamos más concretamente el significado de estas revelaciones. En el *Libro de las revelaciones* se profetiza "la boda del Cordero". La intención de Dios era bendecir a Adán y Eva en el Jardín del Edén. Ya que esto no se realizó en aquel tiempo, Dios quiso que Jesús consumara su matrimonio en su época. Pero debido a la falta de fe de los israelitas él tampoco lo pudo lograr.

Jesús era el segundo Adán. Era la Voluntad de Dios bendecirle en matrimonio celestial con la segunda Eva, la novia restaurada. Hubieran sido los verdaderos padres de la humanidad. Toda la humanidad hubiera recibido vida injertándose en ellos. Jesús advirtió a la gente: «Sois de vuestro padre el diablo [...]» (Juan 8, 44). Nacimos como hijos de Satán debido al inicio desafortunado de la historia. Con la restauración de los verdaderos padres renaceremos como hijos de nuestro Padre Celestial, Dios, con plena salvación, como sus hijos.

En el tiempo de Jesús se denegó la realización de la Voluntad de Dios. Por eso debe volver de nuevo como tercer Adán. Se celebrará el banquete del Cordero. Se lograrán los verdaderos padres de toda la humanidad en nuestro tiempo. Dios podrá ver su creación, su verdadera familia, en la faz de la Tierra. Todos los hombres serán renovados por medio de sus verdaderos padres. Todos los hombres podrán traer al mundo hijos sin pecado. Esto será realidad cuando vuelva Jesucristo. Entonces comenzará el reino de Dios. Será el día en que la morada de Dios estará con los hombres. Dios se llenará de gozo. Su propio hijo, como tercer Adán, iniciará una nueva historia en la Tierra. En ese día seremos las imágenes vivas de Dios. Dios traerá su reino sobre la Tierra.

Os prometo, desde el fondo de mi corazón, que todo esto está cerca, en la plenitud del tiempo de Dios. La realización definitiva de este ideal ha sido la esperanza, tanto de Dios como de los hombres.

Muchas gracias por escucharme atentamente. Habéis sido una audiencia muy amable.

Muchas gracias.

El futuro del Cristianismo

28 de octubre de 1973
Nueva Orleans, Luisiana, EE.UU.

Esta noche voy a hablar acerca de nuevas revelaciones de Dios, cuya comprensión es vital para todos los cristianos. Mencionaré frecuentemente al pueblo escogido de Israel. Estoy seguro de que hay muchos cristianos y judíos en la audiencia. Amo profundamente a los hermanos y hermanas cristianos y tengo en alta estima al pueblo judío. Os pido que comprendáis que lo que diré no refleja en ningún modo mis sentimientos personales. Sólo estoy dando testimonio de la verdad. A veces dar testimonio de la verdad es una tarea dolorosa. Sin embargo, es una misión que debo cumplir. El contenido de mi mensaje de esta noche puede ser contrario a vuestras ideas previas. Algunas cosas pueden ser muy nuevas para vosotros. Os pido que penséis seriamente en lo que vais a oír.

A no ser que tuviera algo nuevo que revelar, en absoluto me plantearía venir aquí a hablaros en absoluto. ¿Para qué ve-

Con su hijo Heung Jin Nim

nir sólo a repetir las cosas que ya sabéis? Me gustaría que vosotros y yo pasáramos este tiempo juntos sin prejuicios para que el espíritu de Dios pueda hablarnos directamente en nuestros corazones. Jesús enseñó en el sermón de la montaña: «Bienaventurados los pobres de espíritu, porque de ellos es el reino de los Cielos. [...] Bienaventurados los mansos, porque ellos poseerán en herencia la tierra. Bienaventurados los que tienen hambre y sed de justicia, porque ellos serán saciados» (Mateo 5, 3. 5-6).

Esta noche os pido humildemente que seáis pobres en espíritu; os pido que seáis mansos y os pido que lleguéis a ser aquellos que tienen hambre y sed de justicia. Entonces todos veremos el reino de los cielos y nos sentiremos satisfechos.

Los cristianos y el cristianismo tienen que cruzar una colina final. Las profecías bíblicas dicen que los cristianos deben pasar por el fin del mundo y enfrentarse al juicio del fuego en el día grande y terrible del Señor. La Biblia nos habla sobre muchos fenómenos extraordinarios que vamos a ver, en el cielo y en la tierra, cuando el fin esté cerca.

Cuando Jesús prometió su segunda venida, inspiró un sentimiento de gran inminencia. Desde los días en que Jesús ascendió al Cielo, los cristianos han estado esperando su vuelta a la Tierra. Durante los últimos dos mil años de historia ha sido la esperanza de todos los cristianos ver a Cristo en su llegada. Pero este extraordinario acontecimiento nunca ha ocurrido. Mucha gente se cansó de esperar. Algunos finalmente decidieron que esta segunda venida no ocurriría literalmente. Llegaron a pensar: «Sólo es uno de los métodos de Dios para mantenernos alerta».

Esta noche debemos aclarar el significado del fin del mundo tal como la Biblia lo profetiza. Debemos también saber cómo aparecerá el Señor cuando vuelva en la consumación del tiempo. Ante todo debemos comprender que Dios no creó el mundo para que acabara. Él siempre pensó en un mundo de bondad que durara para siempre. Un Dios que no crea para la eternidad no puede ser un Dios todopoderoso. Sin embargo, el mundo presente debe terminar, debido a que la caída del hombre inició una historia de mal. El fin del mundo es necesario debido a que no hemos realizado ese mundo de bondad pensado por Dios. En vez de llegar a ser hijos de la bondad hemos llegado a ser en realidad criaturas del mal.

La dirección equivocada de la historia

Adán y Eva cayeron en el Jardín del Edén. En este tiempo aún no podían comprender claramente la voluntad de Dios. Cayeron en un estado de confusión y escogieron el camino equivocado. Se encontraron en la alternativa de obedecer a Dios, que los hubiera llevado a un mundo bueno, u obedecer a Satán, que de hecho causó su caída. Entre estas dos claras oportunidades escogieron la equivocada. Ellos trajeron el mal al mundo. La intención original de Dios era crear un mundo ideal, un mundo bueno y próspero que Él había determinado que iba a durar eternamente. Pero el hombre cayó, el mundo bueno de Dios acabó abruptamente y la historia humana empezó en una dirección equivocada.

La historia de la humanidad es por lo tanto la historia del mal. Dios sembró una buena semilla, y Él pensaba recolectar una buena cosecha. Pero Satán le robó sus frutos antes de que hubieran madurado y recogió una cosecha del mal. La historia humana es una recolección de cizaña.

¿Qué significa entonces el fin del mundo? ¿Qué es lo que va a acabar? El mal va a acabar. Dios pondrá fin a todo mal. A partir del nuevo comienzo de Dios vendrá una nueva oportunidad para el hombre. Y el bien que Dios pensó en su ideal original podrá ser una realidad. En el Jardín de Edén, el hombre cayó en el mal en vez de desarrollar su bondad. El hombre fue subyugado por Satán y llegó a ser el hijo del pecado. Por lo tanto, la Biblia dice: «Vuestro padre es el Diablo» (Juan 8, 44). Si la caída del hombre no hubiera ocurrido, entonces el verdadero gobernante de este mundo sería Dios. Pero Él no es hoy el rey de este universo debido a que Satán ha arrebatado su trono. Dios tiene que cambiar todos los resultados de la caída del hombre antes de que Él pueda reinar verdaderamente sobre el mundo.

Ahora os daré una clara definición del fin del mundo: este es el momento en la historia en el que Dios acaba con el mal y empieza su nueva era. Es el tiempo de cruce entre la vieja historia del mal y la nueva historia del bien.

A la luz de esta definición; ¿por qué la Biblia predice extraordinariamente fenómenos celestiales como señales del fin del mundo? ¿Ocurrirán realmente estas predicciones? Según las Sagradas Escrituras: «Inmediatamente después de la tribulación de aquellos días, el sol se oscurecerá, la luna perderá su resplandor, las estrellas caerán del cielo y las potencias de los cielos serán conmovidas» (Mateo 24, 29). ¿Qué significa esto? ¿Qué debemos esperar?

Ante todo, por favor, tened la seguridad de que estas cosas no ocurrirán literalmente. Dios no destruirá nada en el universo.

Dios a menudo expresa su verdad en símbolos y parábolas, y estos versículos bíblicos se cumplirán simbólicamente. En segundo lugar, Dios, no tiene ninguna razón para destruir el universo. No es el universo, sino el hombre el que ha cometido el pecado. Sólo el hombre se desvió del plan original de la creación de Dios. ¿Por qué debería Dios destruir a los animales, a las plantas o cualesquiera cosas en la creación que cumplieron el propósito que Él había pensado para ellas? Dios no destruiría estas cosas inocentes.

La Biblia, por lo tanto, explica: «Una generación va, otra generación viene; pero la tierra permanece para siempre» (Eclesiastés 1, 4). Pero en Apocalipsis leemos: «Luego vi un nuevo cielo y una nueva tierra; porque el primer cielo y la primera tierra desaparecieron» (Apocalipsis 21, 1). Ese nuevo cielo y esa nueva tierra se refieren a la llegada de una nueva historia de Dios, un tiempo de nuevo dominio. Después comprar una casa, ¿no os cambiaríais con vuestra familia y vuestras posesiones?: Entonces diréis que tenéis un nuevo hogar, y seréis el nuevo señor de la casa. Del mismo modo, cuando los hombres de Dios ocupen este universo, el cosmos llegará a ser un nuevo cielo y una nueva tierra.

Sabemos que cuando el invierno termina, la primavera comienza. Pero, ¿podemos decir exactamente en qué momento comienza la primavera? ¿Quién puede señalar el instante exacto de transición? No podéis saberlo debido a que el paso de una estación a otra acaece imperceptiblemente, de manera silenciosa. El fin del invierno es similar al comienzo de la primavera: no hay momento alguno discernible de transición.

¿En qué momento el viejo día acaba y el nuevo día comienza? Aunque el cambio ocurre en la oscuridad, no hay duda de que pasamos de un día al otro. El cambio es imperceptible al principio, pero tan inevitable como irrevocable. Aunque tres billones de personas viven en la Tierra, ninguna puede señalar el momento exacto en el que suceden las cosas. Pero Dios sabe cuándo pasa el invierno y comienza la primavera, y también sabe cuándo la noche se abre al día. Dios puede señalar la transición de la nueva historia.

Nuestra entrada en la nueva historia es como un glorioso amanecer que surge de la más oscura noche. El punto de cru-

Momento familiar

ce entre el bien y el mal no es evidente. No lo advertiréis cuando ocurra, pero tendrá lugar definitivamente. Tan seguro como que el sol saldrá mañana.

Los siervos y profetas de Dios

Entonces ¿cómo podemos saber que el fin se está aproximando? Dios no ocultará este momento al hombre; Él no juzgará de repente al mundo sin ninguna advertencia. Dios anunciará la llegada del día grande y terrible a través de sus profetas. Amós 3, 7 dice: «No, no hace nada el Señor Yahvé sin revelar su secreto a sus siervos los profetas». Dios escoge sus instrumentos y a través de ellos anuncia su plan. Esto ha ocurrido a lo largo de la historia bíblica.

La persona que sea escogida como profeta de Dios debe ser una de las que vivan en nuestro mundo de maldad. Pero debe ser un hombre de fe quien pueda demostrar que es digno de ser utilizado por Dios. Debe mostrar una fe absoluta. Para llevarlo a cabo, debe abandonar todo éxito mundano y separarse completamente de este mundo de maldad. Debe purificarse cortando todas las dañosas ataduras. No será popular en el mundo malvado. Dios es el bien absoluto y por lo tanto es exactamente lo opuesto al mal. Por ello, este defecto siempre persigue al hombre de Dios.

Noé fue un hombre así, escogido por Dios y despreciado por el mundo de maldad. Dios instruyó a Noé para que construyera un barco.

Él envió a Noé a la cima de una montaña en vez de hacia un lugar bajo, a la ribera de un río o a la orilla del mar. El mandato de Dios era tan extravagante a los ojos del mundo pérfido que mucha gente se reía de Noé. Él fue ridiculizado, no porque la gente pensara que era un hombre particularmente curioso, sino porque había seguido las instrucciones de Dios con una fe completa. Los ojos del mundo no pudieron comprender el camino de Dios. De esta manera, con tan inadmisibles instrucciones, Dios pudo probar la fe del hombre que había escogido como su héroe. Esto es lo que ocurrió en los días de Noé.

Y en los tiempos de Abraham no fue diferente. Dios le llamó, el hijo de un fabricante de ídolos y le apremió: «¡Abandona tu casa enseguida!», Dios no permite ningún compromiso. Dios toma una posición en la cual el mal tiene que ser completamente negado. De ninguna otra forma puede comenzar el bien.

Dios ha dicho que Él empezará con una nueva historia, en la cual ningún elemento del mal permanecerá. Dios pide una completa respuesta del hombre. Aquellos que siguen la dirección de Dios deben empezar con una negación absoluta de la maldad. Por esto Jesucristo enseñó: «El que encuentre su vida, la perderá; y el que pierda su vida por mí, la encontrará» (Mateo 10, 39). También dijo: «los enemigos del hombre serán los de su casa» (Mateo 10, 36).

Podéis preguntar: «¿Qué clase de mensaje es este?». Este es el modo de actuar de Dios, de elegir a su propio pueblo y ponerle en una posición en la que será rechazado por el mal. De otra manera, su héroe no podrá hacer nada bueno para Dios. Desde el punto de vista del criterio de Dios, mientras han sido rechazados por el mal los cristianos modernos han estado teniendo un tiempo muy fácil. Esto llama la atención, dado que no se ha señalado en las enseñanzas cristianas ningún cambio fácil. Me pregunto cuántos cristianos están realmente preocupados por seguir el camino de Dios. La petición de Dios es absoluta; no permite ninguna postura intermedia. ¿Cómo podemos, entonces, conocer claramente el camino de Dios?

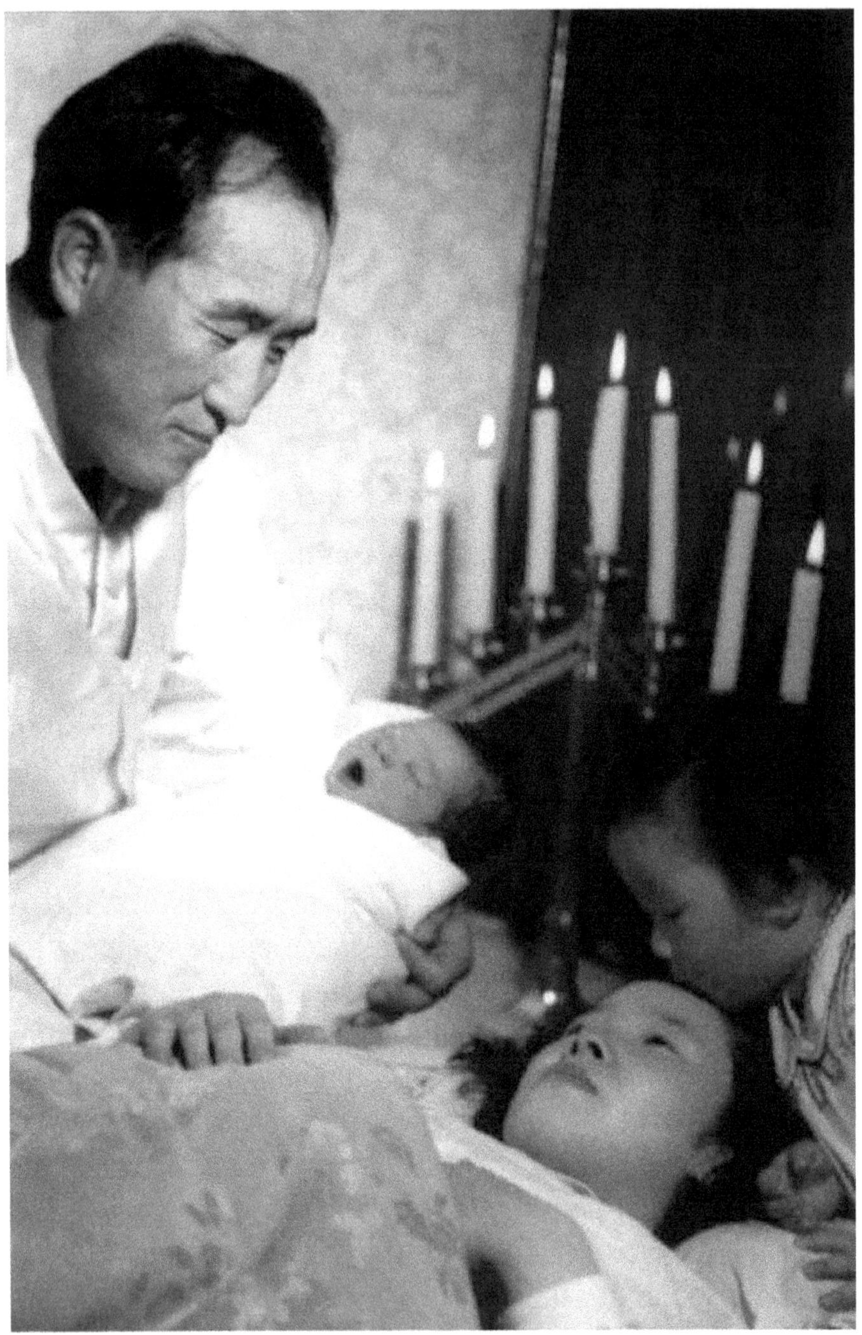

En el nacimiento de una de sus hijas

Examinemos la historia de la providencia de Dios. Hoy día estamos anticipando el fin del mundo. Dios ha hecho intentos previos de terminar con el mundo. Por ejemplo, en el tiempo de Noé: aquello fue una encrucijada en la historia, pues Dios quiso traer el fin de la maldad y comenzar el mundo del bien. Noé era la figura central escogida en la dispensa de Dios. Para comprender mejor la misión de Noé y el significado del fin del mundo, necesitamos conocer más ampliamente cómo empezó la historia del mal.

En el Jardín del Edén, Dios dio a Adán y a Eva un mandamiento. Este mandamiento era la palabra de Dios. Entonces Satán se aproximó y les tentó con una mentira, que era la palabra del mal. Adán y Eva tenían que optar entre las dos palabras: la verdad estaba en un lado y la mentira en el otro. Ellos escogieron la mentira.

Debido a que este fue el proceso de la caída del hombre, en el fin del mundo Dios dará la verdad a la humanidad. Las palabras de Dios vendrán a través de su profeta. Cuando el hombre acepte la palabra de Dios sólo en este momento pasará de la muerte a la vida, porque la verdad trae la vida. El hombre ha muerto en la mentira, y en la verdad nacerá de nuevo.

El juicio por la palabra

Por tanto, el juicio viene por la palabra. Estas palabras del juicio de Dios serán reveladas por sus profetas escogidos. Este es el proceso de acabar con el mundo. Aquellos que obedezcan y escuchen la nueva palabra de verdad, tendrán vida. Aquellos que nieguen la palabra de Dios, continuarán viviendo en la muerte.

Dios escogió a Noé para proclamar su Palabra. El anuncio de Noé era: «El diluvio va a venir, la salvación es el arca». La gente podría haberse salvado escuchando las palabras de Noé. Sin embargo, le trataron a Noé como si fuera un loco, y ellos murieron debido a que se habían opuesto a la palabra de Dios. Según la Biblia, solo las ocho personas de la familia inmediata a Noé llegaron a ser pasajeros del arca. Sólo estos ocho creyeron y únicamente estos ocho se salvaron.

Dios le había dicho a Noé: «He determinado poner fin a toda carne; porque la tierra está llena de violencia a causa de ellos; y he aquí que ya les destruiré con la tierra» (Génesis 6, 13). ¿Ocurrió esto realmente? Sabemos que la gente mala pereció, pero ¿fue demolido el mundo físico en este proceso? No, este pasaje no se cumplió literalmente y Dios no destruyó la Tierra. Dios se propuso erradicar la maldad y destruyó la mala soberanía de Satán, dejando sólo a la gente buena de la familia de Noé. Esta fue la manera en que Dios empezó a restaurar el mundo original de bondad a través de Noé.

Si Dios hubiera consumado completamente su restauración en ese tiempo, entonces no hubiéramos oído nada más acerca del fin del mundo. Una vez que se realiza el mundo perfecto del bien, no es necesario otro fin del mundo. Entonces nada podría interferir en la soberanía eterna del reino perfecto de Dios.

Pero precisamente el hecho de que hoy anticipemos el fin del mundo es una prueba de que Dios no consiguió aniquilar el mal durante el tiempo de Noé. Lo que le ocurrió a Noé después del diluvio debería ser completamente explicado, pero no tengo tanto tiempo en mi discurso de esta noche. Acortando la historia: el pecado se introdujo de nuevo en la familia de Noé a través de su hijo Cam. El juicio del diluvio fue de esta forma anulado y la historia humana del mal continuó hasta el tiempo de Jesucristo.

Con la llegada de Cristo, Dios intentó, de nuevo, acabar con la maldad en el mundo. Jesús vino a iniciar el nuevo reino de los Cielos en la Tierra. Así pues, las primeras palabras que Jesús dijo fueron: «Arrepentíos, porque el reino de los Cielos está cerca». No cabe duda de que el tiempo del ministerio de Jesucristo era el fin del mundo. Ese día grande y terrible fue profetizado por Malaquías, unos cuatrocientos años antes del nacimiento de Jesús: «Porque ya viene el día, abrasador como un horno; todos los arrogantes, todos los impíos, no serán entonces más que paja; el día que viene los abrasará, dice Yahvé Sebaot, hasta no dejar de ellos ni raíz, ni rama» (Malaquías 3, 19).

¿Fue realizado el juicio de Jesucristo por fuego literal? ¿Llegó el día en el tiempo de Jesús en el cual todas las cosas se convirtieron literalmente en cenizas? No, sabemos que no fue así. Ya que estas profecías no ocurrieron literalmente en ese tiempo, algunas personas aventuran que deben referirse al período del segundo adviento. Pero no puede ser así.

Juan el Bautista vino al mundo como el último profeta, Jesús dijo: «Porque todos los profetas y la Ley hasta Juan profetizaron» (Mateo 11, 13). La llegada de Juan el Bautista debería haber puesto fin a las profecías de la ley de Moisés. Esto es lo que Jesús dijo que ocurriría. El propósito de todas las profecías hechas antes de Cristo, era preparar el camino de su venida e indicar lo que tenía que cumplirse en el tiempo de su venida. Estas profecías están hechas para el período del segundo adviento del Señor. Dios mandó a su hijo al mundo, con la intención de que se cumpliera una salvación perfecta y completa. La segunda llegada fue necesaria sólo porque no se pudo cumplir todo en el tiempo de la primera venida.

Entonces, ¿por qué fue el tiempo de Jesús el fin del mundo? Ya sabemos la respuesta: Jesús vino a acabar con la soberanía del mal y a establecer la soberanía de Dios sobre la Tierra. Este fue el fin de la era del Antiguo Testamento y el comienzo de la era del Nuevo Testamento. Jesús trajo las palabras de la nueva verdad.

¿Cómo recibió el pueblo el Evangelio que Él trajo? Los judíos creyentes acusaron a Jesús y le crucificaron. Eran prisioneros de la letra del Antiguo Testamento y no pudieron percibir el espíritu de Dios en la nueva verdad. Es una paradoja que Jesús muriera víctima precisamente de las profecías que daban fe de Él como el hijo de Dios. Según las palabras de la Ley mosaica fue juzgado como un criminal. El pueblo, ciegamente, lo clavó en la cruz.

En el tiempo de Jesús muchas personas cultas, muchos directores de las iglesias y mucha gente destacada en la sociedad, que estaban muy bien versados en la Ley y en los profetas, estaban esperando al Mesías. ¡Qué felices se hubieran sentido al ver a su Mesías recitándoles exactamente el Antiguo Testamento, sílaba por sílaba, palabra por palabra! Pero Jesús no vino a repetir la Ley de Moisés. Él vino a pronunciar una nueva ley de Dios. El pueblo se equivocó totalmente. Y Jesús fue acusado. El pueblo de Israel le increpó: «No te apedreamos por las obras buenas, sino por blasfemia: y porque siendo tú, como eres, hombre, te haces Dios» (Juan 10, 33).

La Biblia dice: «Entonces le llenaron de maldiciones, y le dijeron: Tú serás su discípulo: que nosotros somos discípulos de Moisés. Nosotros sabemos que a Moisés le habló Dios: mas este no sabemos de dónde es» (Juan 9, 28. 29). Esta fue la manera en que consideraron a Jesús. Aquellas personas que obedecían diligentemente la letra de la ley de Moisés desobedecieron a Jesucristo. Los más devotos creyentes judíos fueron los primeros en ser juzgados por Jesús y arrojados al fuego que no se extingue.

Ahora, en este momento, me gustaría aclarar el significado del *juicio por fuego*. Leemos en el Nuevo Testamento: «Los cielos ardiendo se disolverán y los elementos abrasados se derretirán» (2 Pedro 3, 12). ¿Cómo pueden ser verdad estas fantásticas profecías? ¿Ocurrirá literalmente? No, estos pasajes tienen un significado simbólico, Dios no destruirá su Tierra, sus estrellas y toda la creación sin realizar su ideal sobre el planeta. Si Él lo hiciera, entonces llegaría a ser un Dios derrotado. Y ¿quién sería su vencedor? Sería Satán. Esto no puede ocurrirle nunca a Dios.

Incluso en nuestro nivel humano, una vez que nos determinamos para hacer algo, no paramos hasta que vemos su realización. ¡Cuánto más Dios todopoderoso querrá cumplir su voluntad! Cuando Dios habla del juicio por fuego en la Biblia, no quiere decir que Él llevará a cabo el juicio "por llamas". Su significado es simbólico.

Consideremos otro pasaje bíblico que habla de fuego. Jesús proclamó: «He venido a prender fuego en la Tierra; y ¡cuánto deseo que ya arda!» (Lucas 12, 49). ¿Arrojó Jesús literalmente llamaradas de fuego? Naturalmente que no.

El fuego en la Biblia es simbólico. Significa la palabra de Dios. Por esto en Santiago 3, 6 se dice: «La lengua es un fuego». La lengua habla la palabra y la palabra viene de Dios. El mismo Jesús dijo: «El que me rechaza y no recibe mis palabras, ya tiene quien le juzgue; la palabra que yo he pronunciado, esa la juzgará en el último día» (Juan 12, 48).

En la sociedad contemporánea, la palabra del tribunal ejecuta el juicio. La palabra es la ley. En este universo, Dios está en la posición de juez. Jesús vino como abogado, con la autoridad para oponerse a Satán, el acusador del hombre. Satán acusa al hombre con sus palabras, pero estas son falsos cargos. Jesús lucha por la causa de los creyentes y su criterio es palabra de verdad. Dios pronuncia la sentencia: su amor es el criterio y el amor es su palabra. No hay diferencia entre los tribunales terrenos y los tribunales celestiales, ambos resuelven sus problemas mediante palabras, no por fuego. Así que el mundo no será quemado por el fuego cuando sea juzgado. La Biblia dice: «El Señor Jesús le matará, (al impío), con el aliento de su boca» (2 Tesalonicenses 2, 8). La palabra de Dios es el aliento de su boca. Jesús vino a matar al impío con las palabras de Dios, y: «Herirá la tierra con la vara de su boca y con el aliento de sus labios matará al impío» (Isaías 11, 4). ¿Qué es entonces la «vara de su boca»? Tomamos este símbolo para dar significado a su lengua, a través de la cual hablan las palabras de Dios.

Resolvamos este punto completamente. Observemos a Jesús instruyendo al pueblo: «Verdaderamente, os digo: El que escucha mi palabra y cree en el que me ha enviado, tiene vida eterna, y no está sujeto a juicio, sino que ha pasado de la muerte a la vida» (Juan 5, 24). Los hombres pasan de la muerte a la vida por las palabras de verdad. Dios no mandará al Mesías para quemaros. Él no mandará al Mesías para prender fuego a nuestras casas o destruir nuestra sociedad. Pero si rechazamos la palabra de Dios hablada por el Señor, no tendremos otra opción que ser condenados por el juicio. Esta es la razón por la cual la palabra trae el juicio.

En el comienzo, Dios creó al hombre y al universo por su palabra, el *Logos*. El hombre negó la palabra de Dios y cayó. La muerte espiritual ha reinado desde entonces. A través de su obra de salvación, Dios ha estado recreando al hombre, que cayó por desobediencia a la palabra divina, y el hombre deberá ser recreado por la obediencia a la misma palabra de Dios. La palabra de Dios es dada por el Señor. Aceptar la palabra trae vida sobre la muerte, una muerte manifestada en el infierno en el que vivimos. Así pues, la palabra de Dios personifica al juez, y ello os ocasionará un efecto aun más profundo que las más ardientes llamas.

Si Israel hubiera aceptado a Jesús

Ahora, en este momento, podemos examinar otro punto importante. ¿Qué hubiera ocurrido si el pueblo de Israel hubiera aceptado completamente a Jesucristo? Imaginad a la nación de Israel unida a Jesús. ¿Qué hubiera significado esto? Ante todo, no hubieran matado a Jesús. La gente hubiera glorificado a Jesús como el Señor viviente. Ellos hubieran marchado entonces a Roma con el Cristo viviente como su caudillo, y Roma se hubiera sometido al hijo de Dios en su propia vida. Pero en la triste realidad de la historia, los discípulos de Jesús necesitaron aún cuatro siglos para conquistar Roma.

Jesús nunca se ganó al pueblo de Israel, y nunca obtuvo el apoyo que necesitaba de ellos. Él vino a erigir el reino de Dios sobre la Tierra, pero en vez de instaurarlo, tuvo que tener cuidado con sus discípulos incluso para guardar su identidad en secreto, debido a que el pueblo no aceptaba su legitimidad como el Mesías y por lo tanto, le restaba autoridad para ser el Rey de Reyes.

Hoy tenemos mucho que aprender, y no debemos creer ciegamente. Debemos conocer la verdad oculta detrás de la Biblia. Jesús fue crucificado, no por su propia voluntad, sino por la voluntad de los demás. La incredulidad del pueblo escogido de Israel mató a Jesucristo.

Ahora mismo estoy haciendo una declaración atrevida. Jesús no vino a morir. Jesucristo fue asesinado, su propio pueblo le mató. Incluso el gobernador romano Pilatos quería liberar a Jesús, no encontraba ninguna falta en Jesús. Pero el propio pueblo de Cristo le rechazó y forzó a Pilatos a liberar a Barrabás en su lugar. ¡Qué pena! ¡Qué tragedia!

Puede que estas sean noticias sorprendentes y asombrosas para vosotros, pero si solamente os sorprendéis, entonces no os daréis cuenta de mi propósito. Estoy revelando estas cosas porque es mi deber dar testimonio de la verdad.

Fue el pueblo escogido de Israel, fueron los sumos sacerdotes, los ancianos, los escribas y los creyentes, los que gritaron en la corte de Pilatos: «¡Crucifícale!». San Pablo dijo: «Sabiduría desconocida de todos los príncipes de este mundo; pues de haberlo conocido no hubieran crucificado al Señor de la Gloria» (1 Corintios 2, 8).

La gente que vivió en el tiempo de Jesús cometió un terrible error. Pero, ¿creéis que eran más ignorantes o menos conscientes que nosotros hoy? No, en absoluto. Ellos aprendieron el Antiguo Testamento palabra por palabra y memorizaron la ley de Moisés. Basados en su interpretación, Jesús no tenía las calificaciones para ser el Mesías.

El pueblo judío estaba en una posición muy difícil. Si ellos querían creer en Jesucristo, tenían que abandonar la ley de Moisés, tal como la entendían. Cuatro mil años de tradición habían estado basados en el Antiguo Testamento. Era muy, muy difícil para el pueblo levantarse una mañana, apartarse de la Ley y aceptar plenamente a Jesucristo como el Hijo de Dios. Dado que el pueblo tenía los ojos encasillados a la letra de la Ley de Moisés , habían perdido el espíritu de la ésta.

Observemos en el Antiguo Testamento y examinemos la profecía de Malaquías: «Yo os envío a Elías el profeta, antes que venga el día grande y terrible del Señor. Él volverá el corazón de los padres a los hijos, y el corazón de los hijos a los padres» (Malaquías 3, 23-24). El pueblo de Israel conocía la promesa claramente, la sabían de memoria. Y esperaban la llegada de Elías antes de que apareciera el Mesías. Cuando el Mesías llegó, naturalmente ellos preguntaron:«¿Dónde está Elías?». Elías había sido un profeta que había realizado obras milagrosas aproximadamente novecientos años antes de Cristo. Y estaba escrito que ascendió al Cielo en un carro de fuego. Ya que Elías ascendió al Cielo, esperaban que bajara de nuevo. ¿Ocurrió un milagro así antes de la llegada de Jesús? ¿Escuchó el pueblo noticias de la llegada de Elías? No, no oyeron nada. Pero lo que sí escucharon fue la voz de Jesucristo declarando: «Yo soy el Hijo de Dios, el Unigénito del Padre». Y Jesús no hablaba tímidamente, sino con autoridad y poder. Un hombre así no podía ser ignorado.

La cuestión de Elías

Esto supuso un gran dilema para el pueblo de Israel. Ellos inmediatamente preguntaron: «¿Si este Jesús es el Mesías, dónde está Elías?». Ellos esperaron seriamente al Mesías durante este tiempo, así que estuvieron esperando también a Elías. Creían que vendría directamente del cielo y que el Mesías vendría poco tiempo después, de un modo similar.

Así que cuando Jesús se proclamó como el Hijo de Dios, los judíos quedaron perplejos. Si no había venido ningún Elías, entonces no podía existir ningún Mesías. Y nadie les había hablado de que Elías había venido. Los discípulos de Jesús estaban también confusos. Cuando ellos fueron a predicar el Evangelio, la gente negaba persistentemente que Jesús pudiera ser el Hijo de Dios debido a que los discípulos eran incapaces de probar que Elías había venido. Se enfrentaban a este problema en todos los lugares a donde iban.

Los discípulos de Jesús no estaban educados en el Antiguo Testamento. Mucha gente erudita los rebatía, cuando iban a predicar el Evangelio, preguntándoles: «¿No conocéis el Antiguo Testamento? ¿No conocéis la Ley de Moisés?». Los discípulos se turbaban cuando eran atacados por los versos de la Ley y los profetas. Un día fueron a Jesús y le preguntaron:

«¿Por qué, pues, dicen los escribas que debe venir primero Elías?». A esto Jesús les respondió: «En efecto, Elías ha de venir antes que el Mesías y pondrá todas las cosas en su lugar; pero yo os digo que Elías ya vino, y no le conocieron, sino que hicieron con él todo cuanto quisieron. Así también el Hijo del Hombre sufrirá mucho en sus manos», entonces entendieron los discípulos que les había hablado de Juan el Bautista (Mateo 17, 10-13).

Según Jesús, Juan el Bautista era Elías. Esto era la verdad. Hemos determinado la verdad de acuerdo con las palabras de Jesucristo. Pero los discípulos de Jesús no pudieron convencer a los ancianos ni a los príncipes sacerdotales ni a los escribas de este hecho. Para aquellos hombres, la idea era simplemente ridícula. La única autoridad que apoyaba tal noción eran las palabras de Jesús de Nazaret. Por ello el testimonio de Juan el Bautista era tan crucial. Pero ¡ah!, cuando le preguntaron, el mismo Juan el Bautista negó que fuera Elías. Esta negación hizo que Jesús pareciera un mentiroso. Leamos la Biblia: «Y este es el testimonio de Juan, cuando los judíos mandaron sacerdotes y levitas de Jerusalén a preguntarle: "¿Tú quién eres?" [...] Y los judíos le preguntaron: "¿Quién entonces? ¿Eres tú Elías?". Él dijo: "No lo soy". "¿Eres tú el profeta?". Respondió: "No"» (Juan 1, 19. 21).

El mismo Juan dijo: «No soy Elías». Pero Jesús había dicho: «Él es Elías». Juan hizo casi imposible que el pueblo supiera que Elías había venido. Pero de todas maneras Jesús declaró la verdad. Él dijo: «Si lo queréis aceptar, él [Juan el Bautista] es el Elías que iba a venir» (Mateo 11, 14). Jesús sabía que la mayoría del pueblo no podría aceptar la verdad. En cambio, ellos se preguntaron sobre las intenciones de Jesús. Para que Jesús pareciera ser el Mesías, Elías tenía que venir primero, así que el pueblo pensó que Él estaba mintiendo con el objetivo de su propio engrandecimiento. El Hijo de Dios llegó a ser cada vez peor malinterpretado por el pueblo, lo que resultó una grave situación. En aquellos días, la influencia de Juan el Bautista se sentía en cada rincón de Israel. Pero Jesús era una figura oscura y ambigua en su sociedad. Nadie podía considerar las palabras de Jesús como verdad. Este fallo de Juan el Bautista constituyó la mayor causa de la crucifixión de Jesús.

Juan el Bautista ya había visto el espíritu de Dios ascender sobre la cabeza de Jesús en el Jordán. En este momento, él testificó: «Yo he visto al Espíritu descender del cielo en forma de paloma y reposar sobre él. Antes no le conocía, mas el que me envió a bautizar con agua me dijo: "Aquel sobre quien vieres que baja el Espíritu y reposa sobre él, ese es el que bautiza con el Espíritu Santo". Yo le he visto; y por eso doy testimonio de que él es el Hijo de Dios» (Juan 1, 32. 34).

Rumores sobre Jesús

Sí, Juan el Bautista dio testimonio, y él hizo el trabajo que Dios quiso que hiciera en ese momento. Pero, más tarde le vinieron dudas, y finalmente sucumbió a los muchos rumores que circulaban acerca de Jesús. Uno de tales rumores decía que Jesús no tenía padre, que era un hijo ilegítimo. Juan el Bautista seguramente oyó este rumor, sin comprender como una persona así podía ser el Hijo de Dios. Aunque él había dado testimonio de Jesús, Juan, más tarde, se volvió suspicaz y le traicionó. Si Juan el Bautista se hubiera unido a Jesucristo verdaderamente, podría haber movido a su pueblo a aceptar a Jesús como el Mesías, porque el poder y la influencia de Juan eran muy grandes en aquellos días. Estoy contándoos muchas cosas poco usuales y puede ser que os preguntéis con qué clase de autoridad estoy hablando. Es con la autoridad de la Biblia y con la autoridad de la revelación. Leamos juntos la Biblia y veamos palabra por palabra cómo actuó Juan el Bautista.

Y oyendo Juan en la prisión las obras maravillosas de Cristo, envió a dos de sus discípulos a preguntarle: «¿Eres tú el que ha de venir, o debemos esperar a otro?» (Mateo 11, 2. 3). Esto fue bastante después de que él hubiera dado fe de Jesús como el Hijo de Dios. Cómo pudo entonces preguntar: «¿Eres tú el que ha de venir como el Hijo de Dios?». Después del testimonio del Espíritu sobre él, Jesús que estaba verdaderamente apenado, sintió enfado. El Salvador rehusó contestar a Juan el Bautista con un sí o un no directos. En cambio replicó: «Dichoso aquel que no se escandalice de mí». Dejadme parafrasear lo que Jesús quiso decir: «Juan, me apena que tú te escandalices de Mí. En un momento tú me reconociste, pero ahora dudas de Mí. Me entristece que hayas demostrado que tienes una fe tan débil».

Después de este incidente, Jesús habló sobre Juan el Bautista a sus propios discípulos. Les planteó una pregunta retórica: «¿Qué salisteis a ver en el desierto? ¿Una caña agitada por el viento? ¿Qué salisteis a ver? ¿Un hombre lujosamente vestido? Los que visten con lujo están en los palacios de los reyes. ¿Qué salisteis a ver, si no? ¿Un profeta? Sí, os digo, y más que profeta. Él es de quien está escrito: "Yo envío a mi mensajero delante de ti, el cual te preparará el camino por delante"» (Mateo 11, 7. 10).

Lo que Jesús estaba diciendo aquí realmente era: «Juan, tú fuiste al desierto a ver a la persona que es más que un profeta: el Mesías, el Hijo de Dios. Tú has visto todo, pero no te has dado cuenta de este punto vital, lo más importante de tu misión. Tú de veras has fallado en reconocerme y has fallado en cumplir las esperanzas de Dios. Dios es quien esperaba de ti "preparar para el Señor un pueblo bien dispuesto". Tú has fallado».

Jesús concluyó: «En verdad os digo que entre los hijos de mujer no ha salido uno mayor que Juan el Bautista; sin embargo, el más pequeño en el reino de los Cielos es mayor que él» (Mateo 11, 11). Las interpretaciones cristianas convencionales nunca han podido explicar completamente el significado de este discutible pasaje.

La misión de los profetas en todas las épocas ha sido testificar y preparar el camino para el Mesías. Los profetas siempre testificaron desde tiempo antes de su llegada. Juan el Bautista era considerado el más grande entre los profetas debido a que sólo él fue el profeta contemporáneo al Mesías, el profeta que podía dar testimonio, en persona, del Cristo viviente. Pero Juan el Bautista falló en reconocer al Mesías. Incluso el más pequeño de los profetas que entonces vivían en el mundo espiritual, sabía que Jesús era el Hijo de Dios. Por esto Juan, que tenía la misión más grande y falló, llegó a ser menor que el más pequeño. Jesús dijo, «Desde los días de Juan el Bautista hasta ahora el reino de los Cielos sufre violencia y los violentos la conquistan» (Mateo 11, 12. 14). Juan el Bautista fue el instrumento escogido de Dios, destinado a ser el principal discípulo de Jesús. Él falló en su responsabilidad y Simón Pedro, por la intensidad y la fuerza de su fe, ganó esta posición central por su propio mérito. Otros hombres más fuertes y más enérgicos en la fe que Juan el Bautista lucharon incansablemente con Jesús por la realización del reino de Dios sobre la Tierra. Los hombres devotos que honradamente habían seguido a Juan el Bautista no pudieron llegar a ser los doce apóstoles ni los setenta discípulos de Jesús, como tenían que haber sido. Si Juan el Bautista se hubiera convertido en el principal discípulo de Jesús, ambos, unidos hubieran cohesionado a todo Israel. Pero la verdad es que Juan el Bautista no siguió al Hijo de Dios.

Arriba: Con su esposa
Abajo: En un momento de Oración

Un día los seguidores de Juan vinieron a él y le preguntaron: «Rabí, el que estaba contigo al otro lado del Jordán, del que tu diste testimonio, está bautizando, y todos acuden a Él» (Juan 3, 26). Con su pregunta quisieron decir: «Mira cuánta gente sigue a Jesús. ¿Tú qué opinas?». Juan el Bautista replicó: «Es preciso que Él crezca y que yo disminuya» (Juan 3, 30).

Los cristianos generalmente interpretan este pasaje como una prueba del carácter humilde de Juan. Pero es una interpretación incorrecta del significado de sus palabras. Si Jesús y Juan el Bautista hubieran estado unidos, el destino de su prestigio hubiera crecido o disminuido simultáneamente. Entonces ¡ Cómo Jesús podía incrementar su reputación si el prestigio de Juan disminuía! Lo que Juan temía era que menguara su propio papel. Una vez dijo que el Mesías era alguien «cuyas sandalias no soy digno de llevar» (Mateo 3, 11). Sin embargo, él falló en seguir a Jesús incluso después de saber que Jesús era el Hijo de Dios. Juan el Bautista fue un hombre sin excusa. Él debería haber seguido a Jesús.

Responsable por la crucifixión

Dios mandó a Juan como precursor del Mesías: «A fin de preparar al Señor un pueblo bien dispuesto» (Lucas 1, 17). Pero debido a la traición de Juan, Jesús no tuvo un fundamento sobre el cual empezar su ministerio. El pueblo no había sido preparado para recibir a Jesús. Por lo tanto, tuvo que irse de su casa y trabajar por Sí mismo, tratando de crear un fundamento sobre el cual el pueblo pudiera creer en Él. No puede haber duda de que Juan fue un hombre fracasado. Él fue directamente responsable de la crucifixión de Jesucristo.

Podéis de nuevo preguntarme: «¿Con qué autoridad dices estas cosas?». Yo hablé con Jesucristo en el mundo espiritual y también hablé con Juan el Bautista. Esta es mi autoridad. Si no podéis daros cuenta en este momento de que mis palabras son la verdad, seguramente lo descubriréis en el transcurso del tiempo. Estas son verdades ocultas presentadas a vosotros como nuevas revelaciones. Me habéis oído hablar según la Biblia. Si creéis en la Biblia, debéis creer lo que estoy diciendo.

Debemos por consiguiente llegar a esta solemne conclusión: la crucifixión de Jesús fue el resultado de la incredulidad del pueblo judío. Y la mayor causa de su incredulidad fue la traición de Juan. Así pues, hemos aprendido que Jesús no vino a morir en la cruz. Si Jesús hubiera venido a morir, entonces no hubiera ofrecido esta trágica y angustiosa oración en el huerto de Getsemaní: «Jesús dijo a sus discípulos: "Mi alma está muy triste hasta el punto de morir. Quedaos aquí y velad conmigo". Él, avanzando un paso más, cayó rostro en tierra y oró diciendo: "Padre mío, si es posible que pase de mí este cáliz: mas no sea como yo quiero, sino como quieres tú"» (Mateo 26, 38-39).

Jesús oró de esta manera no sólo una vez, sino tres veces. Si la muerte en la cruz hubiera sido la realización de la voluntad de Dios, Jesús en vez de orar así, ciertamente hubiera dicho: «Padre, es un honor morir en la cruz por tu voluntad».

Pero Jesús oró pidiendo que este cáliz pasara de Él. Si esta oración surgió de su miedo a la muerte, tal debilidad le descalificaría como Hijo de Dios. Tenemos testimonios de las muertes valerosas de muchos mártires a lo largo de la historia cristiana —e incluso en otros lugares— gente que no sólo venció su miedo de la muerte, sino que hicieron de su sacrificio final una gran victoria. Entre tantos mártires, ¿cómo pudo ser sólo Jesús quien mostrara su miedo y debilidad, particularmente cuando su crucifixión era su momento glorioso de cumplir la voluntad de Dios? Jesús no oró de este modo por debilidad. Creer que fue así es un ultraje para Jesucristo.

La oración de Jesús en el huerto de Getsemaní no surgió de su miedo a la muerte o al sufrimiento. Jesús hubiera estado deseoso y dispuesto a morir miles de veces si con ello hubiera podido cumplir la voluntad de Dios. Él agonizó hasta el momento de su muerte e hizo la petición final, debido a que Él sabía que su muerte solo causaría la prolongación de la dispensa de Dios.

Un malentendido trágico

Jesús quería vivir para cumplir su misión. Es una trágica malinterpretación creer que Jesús oró por un poco más de vida terrenal a causa de la flaqueza de su alma humana. Young Nathan Hale, en la lucha de América por la independencia, fue capaz de decir en el momento de su ejecución: «¡Siento que solo tenga una vida para darla por mi país!». ¿Creéis que Jesús tenía un espíritu más pequeño que Nathan Hale? ¡No! Nathan Hale era un gran patriota. Pero Jesús es el Hijo de Dios.

Pensad sobre esto. Si Jesús vino a morir en la cruz, ¿no necesitaría un hombre que lo entregara? Sabéis que Judas fue el discípulo que traicionó a Jesús. Si Jesús cumplió la voluntad de Dios con su muerte en la cruz, entonces Judas cumplió la voluntad de Dios con su muerte en la cruz, entonces Judas debería ser glorificado como el hombre que hizo posible la crucifixión. Judas hubiera estado ayudando a la dispensa de Dios. Pero Jesús dijo de Judas: «El Hijo del Hombre se va como está escrito; pero ¡ay de aquel por quien el Hijo del Hombre es entregado! ¡Más le valía a ese hombre no haber nacido!» (Mateo 26, 24). Judas se suicidó.

Más ampliamente, si Dios hubiera querido que su Hijo fuera crucificado, no hubiera necesitado cuatro mil años para preparar al pueblo escogido. Hubiera hecho mejor enviando a su hijo a una tribu de bárbaros, donde podrían haberlo matado incluso más pronto, y la voluntad de Dios hubiera sido realizada más rápidamente.

Debo deciros de nuevo que la voluntad de Dios fue que Jesús fuera aceptado por su pueblo. Por ello, Él trabajó con afán y esperanza para preparar el terreno fértil para la semilla celestial del Mesías. Por ello, Dios envió a profeta tras profeta para despertar al pueblo de Israel y prepararlo para la venida de Jesús.

Dios les advirtió y les castigó; Él les persuadió y les reprendió, les obligó y les enmendó porque Él quería que su pueblo aceptara a su hijo. Un día, los discípulos le preguntaron a Jesús: «¿Qué haremos para realizar las obras de Dios?». Jesús les respondió: «La obra de Dios es creer en el que Él ha enviado» (Juan 6, 28-29).

El pueblo escogido de Israel hizo precisamente lo que Dios había tratado de impedir. Ellos rechazaron a quien Él había enviado.

Jesús tuvo un solo objetivo a lo largo de sus tres años de ministerio público: la aceptación. Él no podía cumplir su misión de otra forma. Desde el primer día predicó sin dudar el Evangelio, para que el pueblo pudiera oír la verdad y aceptarle como el Hijo de Dios, las palabras de Dios deberían haberles dirigido a aceptarle. Sin embargo, cuando Jesús vio que el pueblo no estaba dispuesto a recibirle sólo por las palabras de Dios, Él empezó a hacer obras poderosas con la esperanza de que el pueblo pudiera reconocerle por sus milagros.

«Otros muchos milagros hizo Jesús en presencia de sus discípulos, que no están escritos en este libro. Estos han sido escritos, para que creáis que Jesús es el Cristo, el Hijo de Dios, y para que creyendo tengáis vida en su nombre» (Juan 20, 30-31).

Jesús dio vista a los ciegos, limpió a los leprosos, curó a los cojos y les dio oído a los sordos, Jesús resucitó a los muertos. Él hizo estas cosas sólo porque quería ser aceptado. Sin embargo la gente dijo de Él: «Este no lanza los demonios sino por obra de Belcebú, príncipe de los demonios» (Mateo 12, 24). ¡Qué angustiosa situación! Jesús vio pronto la imposibilidad de ganar la aceptación del pueblo. Enfadado y desesperado les castigó: «¡Raza de víboras!» (Mateo 12, 34). Él no ocultó su ira, sino que estalló enojado: «¡Ay de ti, Corozaín! ¡Ay de ti, Betsaida! Porque si en Tiro y en Sidón se hubieran hecho los milagros realizados en vosotras, hace tiempo que en saco y ceniza habrían hecho penitencia» (Mateo 11, 21). Y lloró cuando se acercó a la ciudad de Jerusalén: «¡Jerusalén, Jerusalén, que matas a los profetas y apedreas a los que te son enviados! ¡Cuántas veces he querido reunir a tus hijos como la gallina recoge a sus polluelos bajo las alas, y no habéis querido!» (Mateo 23, 37).

Sin esperanza de evitar la muerte

¿Quién comprendió a este Jesús con el corazón roto? Él había dicho: «¡Ah! Si en este día conocieras también tú el mensaje de la paz, mas ahora está oculto a tus ojos» (Lucas 19, 42). En tal tiempo Jesús sabía que no había absolutamente ninguna esperanza de evitar la muerte. Sin embargo, Él se lo pidió a Dios en Getsemaní y volvió a implorar en la cruz: «Dios mío, Dios mío, ¿por qué me has abandonado?» (Mateo 27, 46).

Así pues, Jesús murió en la cruz, no por su propia voluntad, ni por la voluntad de Dios, sino por la voluntad de los hombres. Cristo estuvo destinado a regresar desde este momento. Él volverá para consumar su misión en la Tierra.

La humanidad debe esperar su segunda llegada para la salvación completa del mundo. Ahora mucha gente puede preguntar: «¿Qué hay sobre las profecías en el Antiguo Testamento concernientes a la muerte de Jesús en la cruz?». Conozco estas profecías, tales como Isaías, capítulo 53. Debemos saber que hay una línea dual de profecías en la Biblia. Un grupo profetiza el rechazo y la muerte de Jesús; las otras, tales como Isaías, capítulos 9, 11 y 60 profetizan el ministerio glorioso de Jesús cuando el pueblo le aceptase como el hijo de Dios, como el Rey de Reyes. Por ejemplo: «Pues un niño nos ha nacido, un hijo se nos ha dado: sobre sus hombros tiene el imperio, y se le llama: Consejero admirable, Dios fuerte, Padre eterno, Príncipe de la paz. Dilatado es el imperio en una paz sin fin, para el trono de David y para su reino, que él asienta y afirma en el derecho y la justicia» (Isaías 9, 6-7).

Esta es la profecía del Señor de la Gloria, Jesús, como Rey de Reyes y Príncipe de la Paz. Por otro lado, podemos leer: «Pero eran nuestros sufrimientos los que él llevaba, nuestros dolores con los que cargaba; y nosotros le creíamos castigado, herido por Dios y humillado. Por nuestros pecados era traspasado, deshecho por nuestras maldades; el castigo que nos daba la salvación cayó sobre él, y por sus llagas hemos sido curados» (Isaías 53, 4-5).

Esta es la profecía del sufrimiento de Cristo. Es sin lugar a dudas la profecía de su crucifixión. Entonces, ¿por qué Dios profetiza de dos modos contradictorios en la Biblia? Es debido a que Dios tiene que tratar con los hombres (hombres caídos) en su dispensa. Y el hombre caído no solo es perverso e indigno de confianza sino que posee la capacidad de traicionar.

El hombre está situado entre Dios y Satán

En cierto modo Dios teme al hombre, pero Satán también lo teme, porque el hombre tiene la habilidad de traicionar.

Dios es el bien absoluto, y Él nunca cambia su posición; Satán es absoluto mal y tampoco cambia su posición. En este sentido, Dios y Satán son similares. Sin embargo, el hombre es una mezcla del bien y el mal. El hombre está colocado entre Dios y Satán y tiene la habilidad de cambiar. Por lo tanto, el hombre es imprescindible: un día, un hombre puede profesar su fe incansable en Dios y desear servirle, y al día siguiente, el mismo hombre puede maldecir a Dios, unirse a Satán y convertirse en su esclavo.

Debido a que Dios no sabía cómo respondería el hombre a su providencia para el Mesías, Él no tuvo otra opción que predecir dos resultados contradictorios, profecías duales, cuya realización dependía de las acciones de los hombres. Así pues, la fe del hombre era el factor determinante mediante el cual se cumpliría una de las dos profecías. En el caso de Jesús, si el pueblo escogido de Israel le demostraba fe y se unía a Él, entonces sería aceptado. Resultaría la plena realización de la profecía del Señor de la Gloria. Por otro lado, si el pueblo era incrédulo y rechazaba al Mesías cuando viniera, sería cumplida inevitablemente la segunda profecía, la del sufrimiento de Cristo. Y la historia nos muestra que el pueblo escogido tomó el segundo camino. Por lo tanto, la profecía del sufrimiento de Cristo llegó a ser realidad en vez de la profecía del Señor de la Gloria. Así pues, la crucifixión y el relato del sufrimiento de Cristo llegaron a ser el curso de la historia.

Así como la profecía del sufrimiento de Cristo llegó a ser un hecho en el tiempo de Jesús, la profecía del Señor de la Gloria no ha podido ser cumplida. Y esta es la profecía que se cumplirá en el tiempo de la segunda llegada del Señor.

Me gustaría también haceros notar que la Biblia no nos provee de muchos relatos de la vida de Jesús antes de su ministerio público, excepto la historia de su nacimiento y algunos acontecimientos de su niñez. ¿No os habéis preguntado nunca por qué?

Durante treinta años Jesús vivió en medio de un gran rechazo y humillación. Hubo muchos acontecimientos y circunstancias que apenaron y angustiaron a Jesús. Él fue una persona verdaderamente malinterpretada en su sociedad e incluso entre su propia familia. Nadie, absolutamente nadie, le trató como al Hijo de Dios. Ni siquiera se le dio el respeto común que merece cualquier hombre. Su sociedad le ridiculizó. El corazón de Dios se apenó profundamente por la vida de Jesús. Si yo revelara solamente una pequeña visión de algunas de las situaciones de angustia y pena de la vida de Jesús, esta oscura figura, el hombre de Nazaret, no sólo os sorprenderíais y aturdiríais, sino que romperíais a llorar de aflicción.

Dios no desea que la humanidad conozca la tragedia, la dolorosa realidad de la humillación de Jesucristo. La muerte de Jesús no fue su voluntad ni su culpa. La muerte de Jesús fue un asesinato y su cuerpo fue tomado por Satán. Nuestra salvación en el cristianismo no proviene de la cruz sino de la resurrección. El cristianismo, sin la resurrección, no tiene poder. La crucifixión en sí misma fue un acto criminal de incredulidad. Sin embargo, Jesús resucitado trajo nueva esperanza, nuevo perdón y nuevo poder de salvación. Por consiguiente, cuando depositamos nuestra fe en Jesús resucitado y nos unimos a Él, nos salvamos.

Por favor, pedid fervientemente en vuestras oraciones una respuesta final a estas cuestiones; pedídselo a Jesucristo o a Dios mismo. Si Jesús hubiera vivido y cumplido su misión primaria de traer el reino de Dios sobre la Tierra, el cristianismo nunca hubiera sido lo que es hoy día. El propósito de la llegada de Jesús era la salvación del mundo. El pueblo judío tenía que ser el instrumento de Dios, sin embargo, la salvación no fue solo proyectada para el pueblo escogido de Dios; Jesús es el salvador de toda la humanidad. Debido a que Jesús dejó incompleta su misión, también nos dejó la promesa de su segunda llegada.

En tal caso examinemos en qué momento llegará el fin del mundo, esto es muy importante para nosotros. El Evangelio dice que en los últimos días, Dios separará las ovejas de las cabras. ¿Cuál es la diferencia entre estas dos clases de animales? Las ovejas reconocen a su amo, el pastor, mientras que las cabras no lo siguen. Hoy sabemos que nuestro mundo está dividido en dos campos opuestos; uno es el mundo democrático y el otro es el mundo comunista. Nuestro mundo libre dice: «hay un Dios», nosotros aceptamos a nuestro pastor. El mundo comunista dice: «Dios no existe», ellos niegan a su pastor. Así pues, el mundo libre puede ser simbolizado por las ovejas y el mundo comunista por las cabras. Por el tiempo de la formación de estos dos mundos ideológicos en conflicto, podemos suponer que hemos llegado al fin del mundo.

¿Cómo vendrá el Señor de la segunda llegada? Nuestra posición como cristianos es exactamente paralela a la posición de los ancianos, escribas y sacerdotes en el tiempo de Jesús. En aquellos días, el pueblo estaba esperando que Elías y el Mesías llegaran de las nubes del cielo. ¿Por qué la gente pensaba de esta manera? ¿Por qué mantenían este tipo de creencia?

Ellos estaban simplemente siguiendo la profecía de la Biblia escrita en Daniel 7, 13: «Yo seguía contemplando en mis visiones nocturnas; en las nubes del cielo venía uno como el Hijo del hombre; se dirigió hacia el Anciano y fue conducido a su presencia». Debido a la gran profecía de Daniel, el pueblo de Israel tenía toda la razón en esperar la llegada del Mesías en las nubes del cielo. Los cristianos están hoy esperando la venida del Señor de la segunda llegada del mismo modo, de las nubes del cielo.

Arriba: Con su traductor Bo Hi Pak
Abajo: Con su traductor Peter Kim

Juan dijo: «Porque han irrumpido en el mundo muchos seductores, que no confiesan a Jesús, como el Cristo venido en carne. He aquí el seductor, el Anticristo» (2 Juan, 7). En la Biblia se dice que mucha gente estaba negando el acontecimiento que cambió para siempre la historia de la humanidad: "Jesucristo se hizo carne"(Juan 1), y Juan condenó a aquella gente como el Anticristo. Pero no olvidemos la profecía del Antiguo Testamento de la llegada del Hijo de Dios en las nubes del cielo. A menos que conozcamos toda la verdad, nosotros, como la gente en el tiempo de Jesús, llegaremos a ser víctimas de las palabras de la Biblia.

Entonces, ¿puedo preguntaros que haríais si el Señor volviera a la Tierra no en las nubes del cielo sino como un hombre en la carne? ¿Qué haríais? Os estoy diciendo que el Señor de la segunda llegada aparecerá en realidad como un hijo del hombre en carne y hueso. Puede que lo primero que queráis decir sea: «reverendo Moon, usted es un hereje».

Cómo Dios ve el mundo

Lo importante es conocer en qué lado estará Dios y cómo Dios cumplirá su plan. No es importante que un hombre o sus puntos de vista sean o no considerados heréticos; no importa cómo yo vea el mundo o cómo vosotros lo veáis, sólo importa cómo Dios ve el mundo y su punto de vista, encontramos de nuevo en la Biblia profecías duales concernientes a la segunda llegada del Señor. En Apocalipsis 1, 7 se profetiza precisamente la vuelta del Señor de la segunda llegada en las nubes. Sin embargo, en 1 Tesalonicenses 5, 2 se dice: «Vosotros sabéis muy bien que el Día del Señor vendrá como ladrón en plena noche». Hay dos profecías opuestas. ¿Qué haremos? ¿Escogeríais simplemente la profecía que más os convenga?

Quizás el Señor aparezca con una gran voz en las nubes del cielo, pues las profecías así lo revelan, pero por otro lado, el Señor puede aparecer como un ladrón en la noche. Si Él viene en las nubes, no podrá entrar desapercibidamente en el mundo como un ladrón. El espectáculo de su llegada en las nubes causaría una tremenda atención. No puedo imaginarme cómo una cosa así podría ser invisible a vuestros ojos.

¿Cuál es entonces la verdad? Ante nosotros tenemos una pregunta crucial, ¿cuál es la verdad? Cuando veáis las señales de los últimos días, la Biblia os apremiará para ir a una habitación oscura y orar. ¿Quién puede deciros el tiempo de los últimos días? Los ángeles no conocen este día; sólo Dios lo sabe. Por ello debemos obtener la respuesta de Dios. No os estoy diciendo que debáis creerme, en absoluto. Solamente estoy revelando lo que sé que es verdad, pero vosotros debéis verificar esta verdad con Dios.

La Biblia dice que no creáis en nadie "en los últimos días". No me creáis, y no creáis a vuestros mayores de la Iglesia, no creáis a vuestros sacerdotes y no creáis a famosos evangelistas. El cielo está tan cerca, que vosotros podréis ser elevados en espíritu, tan alto, que alcanzaréis hablar con Dios y recibir la respuesta directamente de Él, si os esforzáis lo suficiente.

Hay muchos ministros en Nueva Orleans, muchos clérigos y muchos mayores de la Iglesia. ¿Cuántos están realmente escuchando la voz de Dios? Nuestros oídos no significan mucho, ni nuestros ojos sirven para nada útil, a menos que tengamos oídos espirituales y ojos espirituales. Jesús dijo: «¡El que tenga oídos que oiga!» (Mateo 11, 15). También dijo a sus discípulos: «Dichosos, pues, vuestros ojos que ven y vuestros oídos, que oyen» (Mateo 13, 16). Él no se estaba refiriendo a los órganos físicos de los sentidos. Cuando uséis vuestros sentidos espirituales y escuchéis la voz de Dios, encontraréis su dirección y su guía. Pero no es fácil llegar a ser un ciudadano del reino de los Cielos. Para un extranjero es muy difícil llegar a ser un ciudadano de los Estados Unidos. Cuánto más difícil será para nosotros trasladarnos desde nuestra vida terrenal al reino de los Cielos, pero podemos conseguirlo.

Sabemos que incluso después de que Adán y Eva cayeran, aún eran capaces de comunicarse directamente con Dios. ¿Creéis que después de los días del Antiguo y del Nuevo Testamento, Dios tiene alguna razón para quedarse sordo y mudo? No, Dios está muy vivo, y hoy podéis hablar directamente con Él. Dios puede hablaros y podéis encontraros directamente con Él.

En el libro de los Hechos de los Apóstoles se dice que en los últimos días: «Vuestros hijos y vuestras hijas profetizarán, y vuestros jóvenes tendrán visiones y vuestros ancianos sueños» (Hechos 2, 17). Debemos saber la verdad. Tenemos que saber cómo solicitar la ciudadanía del reino de Dios. Tenemos que saber cuándo vendrá el Señor y cómo llegará. Incluso con una clara guía en nuestras vidas, todavía hay una posibilidad de fallar en el alcance de este objetivo. Pero hoy no tenemos guía ni dirección que nos haga sentir plena confianza al seguirla.

Miremos nuestra Biblia y aclaremos cómo aparecerá el Señor de la segunda llegada. En Lucas 17, 20-21 los fariseos preguntaron a Jesús cómo iba a venir el reino de Dios. Él contestó: «El reino de Dios no vendrá con señales visibles [...] el reino de Dios está en medio de vosotros». Jesús entonces dijo a sus discípulos: «Tiempo vendrá en el que desearíais ver uno de los días del Hijo del Hombre y no lo veréis». Pero si el Señor viene en las nubes del cielo, ¿cómo podríamos no verlo? Apocalipsis 1, 7 dice: «Todo ojo le verá, y los que le traspasaron».

¿Qué puede significar esto? ¿Por qué no le veremos? De la única forma que podemos perdernos en estos días es si esperamos que el Señor venga de una dirección, y aparezca en otra de una manera completamente inesperada, de igual forma que ocurrió con Elías en el tiempo de Jesús. Por esta razón, es posible que no veáis al Señor en el tiempo de su segunda llegada.

Otra misteriosa predicción fue dada por el mismo Jesucristo. Él declaró sobre el Señor de la segunda llegada: «Pero él debe primero sufrir mucho y ser rechazado por esta generación» (Lucas 17, 25). Si Cristo en su segunda llegada aparece en la gloria de las nubes del cielo, ¿quién se atrevería a negarlo? Nadie le causaría sufrimiento o pena.

De la única manera que puede ser cumplida esta profecía es si la gente espera su vuelta de las nubes y repentinamente apareciese como un hombre humilde en la Tierra. ¿No creéis que los directores cristianos de hoy cometerían el mismo error que los sacerdotes, los escribas y los ancianos cometieron en el tiempo de Jesús? ¡Sí! Podrían muy posiblemente negarlo y rechazarlo, debido a que la forma de su llegada sería muy difícil de aceptar por los directores espirituales cristianos; sin embargo, de este modo, la Biblia se cumpliría.

«No todo el que me dice: "¡Señor, Señor!" entrará en el reino de los Cielos, sino el que hace la voluntad de mi Padre celestial. Muchos me dirán aquel día: "¡Señor, Señor!, ¿no profetizamos en tu nombre, y en tu nombre expulsarnos demonios y en tu nombre hicimos muchos milagros?". Y entonces les declararé: "Nunca os conocí; apartaos de mí, obradores del mal"» (Mateo 7, 21-23).

Esta profecía no puede hacerse realidad si su segunda llegada es sobre las nubes del cielo. En el tiempo de la segunda llegada, la gente seguirá clamando: «Señor, Señor». Puede ser que al mismo tiempo estén en el proceso de crucificar al mismo Señor de la segunda llegada si aparece de una manera diferente a como lo esperaban. Ellos serán entonces los peores obradores del mal.

Esta es la Biblia. Aquellos que verdaderamente tienen ojos verán. Aquellos que verdaderamente tienen oídos oirán. A lo largo de la historia Dios ha mandado a sus profetas antes del cumplimiento. Él advierte al pueblo de su plan. No importa cuán devota sea hoy la fe cristiana, no importa cuántos millones de personas haya en las Iglesias cristianas, ellos y sus Iglesias estarán condenados a perecer si cuando aparezca fallan en aceptar al Señor. Este fue el trágico destino del pueblo de Israel cuando ellos negaron a Jesucristo, sin considerar en ningún modo su honradez.

Debemos por lo tanto estar abiertos a un nuevo mensaje. Jesucristo no vino a repetir la Ley de Moisés. De igual manera a como Jesús se manifestó con la nueva verdad, el Señor de la segunda llegada se manifestará con la nueva verdad de Dios para nuestro tiempo. Esta verdad no será simplemente una repetición del Nuevo Testamento.

El Señor no aparecerá milagrosamente en las nubes del cielo. ¿Por qué? Porque Dios va a mandar a su Hijo para restaurar todas las cosas que una vez fueron perdidas. Los primeros antepasados perdieron el reino de Dios sobre la Tierra. Satán invadió el mundo y tomó a Eva de su lado, y entonces Eva tomó a Adán, dejando a Dios solo y separado del hombre. Toda la humanidad ha sufrido por lo tanto la esclavitud del mal. Dios debe mandar a un nuevo antepasado de la humanidad para comenzar una nueva historia.

Adán debe restaurar a una nueva Eva

La obra de Dios es la restauración, siempre en dirección opuesta a su pérdida original. Esto significa que Dios primero necesita encontrar a su Adán perfecto, un Adán que en vez de traicionar a Dios llegue a ser una unidad con Dios. Y entonces

Adán debe restaurar a su esposa, en la posición de Eva. Adán perfecto y Eva perfecta unidos serán capaces de vencer a Satán y arrojarlo fuera del mundo. De este modo, los primeros antepasados justos de la humanidad empezarán una nueva historia.

El primer comienzo de Dios fue el alfa. Este fue invadido por Satán, así que Él restaurará el mundo en el omega. Jesús fue designado como el segundo Adán en 1 Corintios 15, 45. Dios quería bendecir a Adán y Eva cuando ellos fueran perfectos, como una pareja celestial podrían dar nacimiento a hijos de Dios. Esta forma de vida no se realizó en el Jardín del Edén. Por ello Jesús vino en el puesto de Adán. Dios intentó encontrar a la verdadera esposa para Jesús.

Los verdaderos padres de la humanidad se hubieran establecido en el tiempo de Jesús, y podrían haber vencido y cambiado la historia mala del mundo. Debido a que esta esperanza no hecha realidad por Jesús, Él va a volver a la Tierra dos mil años después como un hombre, para completar totalmente la misión que sólo cumplió parcialmente. El reino de los Cielos sobre la Tierra será establecido en ese tiempo.

La nueva historia del bien empezará de este modo. Con la verdad de Dios y los verdaderos padres de la humanidad, un nuevo alfa en la historia de Dios comenzará y continuará eternamente. El ideal divino es restaurar la primera familia cuyo núcleo sea Dios sobre la Tierra. Con este modelo como referente, toda la humanidad podrá ser adoptada por esta familia. Nosotros llegaremos a ser como ellos, y la primera familia celestial se extenderá, multiplicándose el reino de Dios sobre la Tierra en un nivel de tribu, nacional y mundial.

El reino de los Cielos tiene que ser un reino literal y tangible. Jesús le dio a Pedro las llaves del reino de los Cielos y le dijo: «Lo que atares en la Tierra, será atado en el Cielo y lo que desatares en la Tierra será desatado en el Cielo» (Mateo 16, 19). Así la realización en la Tierra debe preceder al cumplimiento en el Cielo; el reino de los Cielos se logrará primero en la Tierra.

En tal tiempo sólo estará está abierto un lugar intermedio en el cielo. Es el llamado *Paraíso*. Jesús y sus discípulos moran en el Paraíso y ni incluso ellos podrá realmente entrar en el reino de los Cielos hasta que sea establecido en la Tierra. Una de las razones de que sea así es porque el reino de los Cielos no está preparado para individuos, sino para la familia de Dios, para el padre, la madre y los verdaderos hijos de Dios.

Señoras y caballeros, creo que mi mensaje es absolutamente claro y simple. Dios intentó comenzar la historia del bien con Adán, pero Adán cayó. Dios obró para restaurar la historia y comenzar de nuevo con Jesucristo. Pero el pueblo de su tiempo perdió la fe en Él, negándole la oportunidad. Por consiguiente, se realizará la promesa del Señor de la segunda llegada. Él está destinado a venir a la Tierra como el Hijo del Hombre en la carne.

Él viene como el tercer Adán. Él tomará una esposa y de este modo llevará a cabo el más feliz día del matrimonio celestial, señalado como «El banquete de bodas del Cordero» en el libro del Apocalipsis. Ellos desempeñarán el papel de los verdaderos padres. Podrá lograrse literalmente un verdadero linaje de Dios que se establecerá en Cielo y Tierra.

No tenemos duda de que hoy el cristianismo está en una crisis definitiva. Esta es una crisis paralela a la del tiempo de Jesús, cuando las instituciones religiosas establecidas fallaron al Hijo de Dios. Nosotros reconocemos esta crisis en nuestro tiempo; pero podemos también ver a través de la confusión, el resplandor del brillante día de la nueva esperanza.

El fin del mundo está cerca, no sólo para los cristianos sino para todos los pueblos del mundo. La nueva historia de Dios comenzará con la llegada del Señor. Bienaventurados aquellos que le vean y lo acepten. Es la esperanza del cristianismo reconocer, recibir y aceptar al Señor de la segunda llegada. Nos ha llegado una oportunidad para todos nosotros, la más grande oportunidad en la vida de cualquier hombre está llamando a vuestra puerta. Por favor sed humildes, ¡y abríos a la gran nueva esperanza!

Este es el tiempo de un despertar espiritual sin precedentes. Deseo que abráis vuestros ojos y vuestros oídos para percibir la verdad. Esta es mi esperanza, que compartiendo este mensaje con vosotros, podamos unirnos para preparar el glorioso día de la llegada del Señor. Veamos al Dios de la historia, comprendamos al Dios de la providencia y abracemos al Dios existente en nuestras vidas.

Hoy es mi último día en esta ciudad. Espero que estudiéis estos temas más profundamente. Tenéis la oportunidad en Nueva Orleans de venir a nuestra Iglesia, o asistir a nuestros cursos de estudio y así explorar la verdad del principio divino. No hubiera venido aquí si no tuviera nuevas cosas que deciros. Estoy revelando la nueva verdad. Esto, por si solo, debería ser una razón importante para que indaguéis más profundamente en este mensaje.

Espero que, como dije al principio de nuestra velada, consideréis estas ideas seriamente y oréis a Dios. Él os contestará.

Muchas gracias.

Lo más grande de todo es el amor

20 de marzo de 1977
Belvedere. New York

¿Os gusta el amor? ¿Qué es el amor? ¿Qué forma tiene el amor? ¿Es largo, fino o redondo? Es una tarea muy difícil, pero si tratáramos de describirlo en una palabra, la más exacta sería "plenitud". La pregunta esencial para el hombre es: ¿Qué es más valioso, la vida o el amor? Decís que el amor es lo más valioso, pero ¿podéis explicar por qué el amor es más grande que la vida?

La historia, poesía y literatura suelen sugerirnos que el amor es más grande que la vida. Pero nadie ha dicho exactamente por qué. ¿Qué empieza primero, el amor o la vida? El amor es en realidad el punto de partida de la vida. Por mucha vida que tengas, sólo con ella no podrías traer nueva existencia al mundo. Sólo el amor puede hacerlo. El amor compartido de tu padre y tu madre trajeron nueva vida a la Tierra. No importa lo grande que sea el proceder de un soltero, él solo no puede dar vida a otro.

Busquemos en el origen del universo, ¿cuál es la causa fundamental que produjo la existencia del universo: energía, vida o amor? ¿Habéis pensado alguna vez cuál fue el motivo? Algunos científicos afirman que el universo comenzó con una tremenda explosión de energía. Ya que la existencia empieza realmente con energía, podemos preguntarnos ¿cuál es el origen de la energía? ¿Se ha creado la energía a sí misma? La energía resulta de la interacción de un más y un menos; esto solamente puede darse en una relación en la que hay un dar y un recibir recíproco entre un sujeto y un objeto.

Aquí también, en esta sala, hay una relación de dar y recibir entre vosotros como audiencia y mi persona como orador. Si no hubiera nadie en esta habitación, aunque yo diera un poderoso y enérgico sermón, parecería muy ridículo. Sin dar y recibir no hay recreación de energía. ¿Perdería o ganaría eficacia si estuviese hablando en una habitación vacía? Como vosotros estáis aquí, entusiasmados y enérgicos, nuestro mutuo dar y recibir se hace cada vez más intenso y estimulante.

La energía fundamental para la existencia de este universo fue obtenida por la fortalecedora capacidad de dar y recibir. La verdad universal puede ser descrita como la interacción substancial entre dos entidades en este universo visible, todo el mundo invisible funciona de la igual forma, de acuerdo al mismo principio. Podemos concluir que nada puede llegar a existir o perdurar sin la relación sujeto objeto que mantiene la acción de dar y recibir entre ellos. Esto puede verificarse también en el mundo mineral y vegetal. ¿Cantan los insectos por su propio entretenimiento o para atraer a otros? ¿A quién llaman los animales? A sus "objetos".

Sin vuestro ser amado sois muy pobres

¿Cuánto queréis a vuestro ser amado? Es interesante descubrir que nuestros sentimientos hacia nuestro ser amado son más

Sun Myung Moon y su esposa Hak Ja Han

intensos que hacia nosotros mismos. ¿Cantáis o bailáis por vuestra propia satisfacción? Incluso aunque algunas veces bailes solo, en tu mente visualizas a alguien observándote. ¿Os gustaría vivir entre risas y con alegría, o entre lágrimas y tristes?

¿Te ríes a carcajadas cuando estás solo? Te tomarían por loco si te ven sonriendo o riendo sin alguien con quien relacionarte. Reír, cantar y bailar son expresiones humanas de alegría y felicidad, pero no tiene sentido hacerlo sin compañía. Nuestra vida requiere claramente un compañero con el que interactuar. Cuando dos seres queridos comparten risas, canciones o baile, su alegría se hace cada vez más profunda e ilimitada. Cuando el amor está inspirándote, tu cantar, tus risas y tu baile se harán maravillosos.

En cada área del arte, las obras maestras son aquellas que mejor describen el ilimitado amor de los hombres. Cuando ves estas obras maestras, tus sentimientos de amor y alegría se estimulan. Si a esa obra maestra le suprimiéramos todo el amor, ¿quedaría vida en ella?

¿Qué preferís, reír o llorar? En realidad en ambos casos los músculos tienen la misma expresión. Cuando miráis las caras de alguien que está riendo o de alguien que está llorando, podéis observar cómo sus bocas están abiertas y sus ojos casi cerrados y hay lágrimas corriendo por las mejillas. ¿Qué puede haceros llorar? Podéis sentir pena después de alguna gran pérdida, o cuando vuestras expectativas no se han cumplido, pero la más profunda tristeza aparece cuando estás separado de tu ser amado, de tu compañero. La pena más profunda es perder la conexión con vuestro ser amado, y no poder ni dar ni recibir. Podemos definir la infelicidad como la pérdida de alguien con quien poder dar y de quien poder recibir. Eres infeliz cuando no tienes a nadie a quien poder amar ni a nadie que te pueda amar, ¿no es verdad? Puedes sentirte infeliz si pierdes una gran cantidad de dinero o una propiedad valiosa; y si no tienes a nadie a quien enseñar o de quien aprender, pero ¿es esta la peor clase de infelicidad? La persona más infeliz es aquella que ha perdido a la persona que amaba y que le amaba, quedándose sin nadie con quien compartir su amor. Preferís experimentar risas y alegría, y no tristeza y lágrimas en vuestra vida, ¿no es verdad? ¿No es cierto que para lograr esas risas y esa alegría tenéis que obtener poder y dinero? ¿Ya lo sabíais? A lo mejor tenéis una vaga idea, pero después de escucharme, sabréis que el amor es el aspecto fundamental de la vida. ¿Estáis pensando quizá: «Suena razonable», o sentís profundamente que es verdad?

¿Quién es superior, el hombre o la mujer? Incluso si fueras un *superman*, un hombre alto con grandes músculos y muy distinguido, sin tu ser amado no serías más que un pobre hombre. Si pudierais elegir entre ser un *superman*, pero sin tener a nadie, o ser como un alfiler pero teniendo a alguien con el que dar y recibir, ¿qué preferiríais? ¿Estáis seguros de que querríais ser un alfiler? Hay algunos que no están respondiendo, sin embargo sus ojos dicen que sí. Simplemente esto es la verdad.

Si juegas con el amor, tu vida será también un juego

¿Cuánto necesitáis a vuestra pareja? Os necesitáis completamente el uno al otro para descubrir y experimentar el amor. Si afirmo que necesitáis absolutamente a vuestro ser amado, no debéis pensar: «Bueno, está bien tener amor, pero no es lo más importante».

Antes de entrar en la Iglesia ¿te motivaba encontrar el amor absoluto? Si tu respuesta es no, significa que no eras realmente serio en lo tocante al amor, y que tus acciones se parecían más a las de los animales. ¿Podría una persona absolutamente feliz debutar un amor así? Esta clase de amor carnal y sin principios debe ser descartado. Podéis decir: «Sí, yo he tenido experiencias de amor, pero a partir de ahora quiero descubrir, con la más profunda seriedad, el amor, que es aún más grande que mi propia vida ».

¿Pertenecíais al Cielo o al Infierno en el pasado? Sin exagerar, podemos afirmar que la Muerte y el Infierno han sido el destino del hombre caído. Si no sabes que tu búsqueda del verdadero amor y vida no es un juego, tu vida no será más que eso, un juego. El mundo divino y santo es el mundo del amor.

Después de adquirir ese amor absoluto, una persona sabe el valor de ese mundo misterioso y santo. Cuando conoces ese mundo divino y enigmático, tu risa será divina y misteriosa, y la expresión de alegría en tus canciones y bailes será también divina y misteriosa. Cualquiera que denigre este valioso amor con miserables cosas carnales es la peor clase de criminal en el universo. Seas hombre o mujer, tu peor enemigo será cualquiera que trate de contaminar tu amor de manera impura. Co-

Momentos familiares

mo el amor es más grande que la vida, quien altere nocivamente tu pureza cometerá un crimen peor que el de tomar tu vida. El estilo de vida americana, incluida la de muchos de vosotros antes de entrar en la Iglesia de la Unificación, sólo busca un amor fugaz y animalizado. Si habéis vivido así, nunca habréis experimentado verdaderamente el amor santo y divino de Dios. La diversión superficial llega a ser cada vez más frívola, convirtiéndose en aburrida y pesada. Si pisoteas el amor precioso y puro, te convertirás en la persona más indigna.

¿Va la sociedad americana hacia la prosperidad celestial o está declinando hacia el Infierno secular? ¿Dejaremos sola a América, o haremos algo por ella? ¿Será el presidente de los Estados Unidos, o el poder económico capaz de cambiarla? ¿O la poderosa ciencia? ¿Quién lo hará? Si nosotros verdaderamente sabemos que América va en una dirección equivocada, tendremos la responsabilidad de educarles e informarles.

En menos de una hora he explicado el verdadero significado del amor. Ahora os habéis convencido de que el estilo de vida que llevabais estaba equivocado. Debéis buscar la verdadera vida. Si vuestro padre, madre o profesores os animaran a ir tras un amor barato ¿lo seguiríais o no? Suponed que el gobierno americano aprueba una política que anima a su pueblo a divertirse y seguir sus instintos animales. Si estuviera escrito en la Constitución, ¿lo seguiríais ciegamente o no? Afirmáis: «Yo sería diferente». Pero con todos yendo en la dirección opuesta, ¿cómo podríais cambiar? ¿Podríais conseguirlo por vosotros mismos? Ahora, como sois la esperanza para el resto del mundo, podéis superar cualquier situación, aunque el mundo entero se os oponga. Este mundo está equivocado porque no conoce la verdad, pero vosotros tenéis la verdad, por eso tenéis esperanza. Por eso debéis ir adelante aunque sólo sea por vosotros mismos.

Si alguien viene a proclamar un amor así, ¿le seguiríais sin importaros si es negro, amarillo o blanco? ¿Por qué, vosotros, los miembros occidentales, me estáis dando un tiempo tan duro? Debido a vosotros, el gobierno americano, las familias y las Iglesias se oponen a mí. ¿Qué os hace estar tan seguros de que debéis seguirme, si lo que yo estoy enseñando es un amor dedicado a Dios? Confiáis en el ideal y tenéis esperanza para el futuro. Nos apartamos de este mundo porque no tiene esperanza y escogemos luchar por el ideal, ganar el verdadero amor, esperanza y un futuro constructivo.

El tema de hoy es «Lo más grande de todo es el amor». ¿Queréis saber por qué el amor es lo más grande? ¿Cuánto deberíais pagarme por daros esta importante conferencia hoy? Si os lo pregunto es porque cuando las cosas vienen gratis nadie las toma en serio. Pero si pagaseis diez millones de dólares por esta hora de conferencia, entonces todo vuestro cuerpo estaría en tensión por tener que extraer un valor de diez millones de ella. Si pagarais diez millones de dólares por esta conferencia, ¿pasaríais el tiempo adormilados? Si os dijera: «Id y dormid», no haría más que despertarnos más.

Si se va el amor, ¿quedará algo?

Os explicaré por qué el amor es tan valioso. La respuesta es simple. Sois productos del amor. El principio más lógico e importante del universo es también el producto del amor. Dios creó este mundo porque Él necesitaba tener su "objeto" para tener una relación en la que poder dar y recibir amor. El amor es el motivo fundamental de Dios para crear el universo.

El hombre fue creado para nacer en amor, crecer en amor y vivir en amor por la eternidad. Ese es el destino del hombre. ¿Deseáis recibir algo más grande que esto? Este es el ideal de la vida. ¿Dónde podría originarse ese amor? Solamente podría generarse entre un sujeto y un objeto que se unen completamente en armonía y unidad. Nada podría separarles nunca. Así emerge el amor más grande. Los hombres y las mujeres se casan para consumar el amor. ¿En qué punto la vida de la madre y la mía se unen? ¿Cuándo compartimos una buena comida juntos? ¿Cuándo intercambiamos dinero? Solamente cuando nos unimos en amor, ¿no es así? La vida empieza cuando el amor nos armoniza y une, y al emerger la vida, florece nuestro ideal. Tu ideal se cumple si te sientes totalmente satisfecho en el amor porque no hay nada más grande que el cumplimiento del amor. Como consecuencia, el amor trae unificación, vida e ideal. Cuando nuestro amor trae unidad y armonía entre nosotros, surge el ideal.

Cuando dos vidas están unidas, el amor se hace más poderoso e intenso. Cuando dos vidas se unen, surge más vida, energía y poder, y un ideal más grande florece. ¿Habría algo si no hay amor? ¿Habría alguna forma de encontrar unidad? Sin amor es imposible convivir y dar la vida el uno por el otro, diciendo: «Daría mi vida por ti». No se puede mostrar ese profundo sentimiento sacrificial sin amor. Sin amor nada puede daros plenitud.

En contraste, la ideología del comunismo se centra en la lucha, esta es la palabra clave de esta doctrina. Si una clase está luchando contra otra, ¿hay alguna forma de unirse? El materialismo dialéctico analiza el progreso como una entidad dividida en dos valores contradictorios, en lucha, y de esta lucha algo más grande emerge. Esta ideología hace un esfuerzo por conseguir la unificación, pero debido a que elimina el amor, nunca podrá conseguir una verdadera unificación. El comunismo habla sobre la vida, pero no sobre la verdadera vida, y habla sobre el ideal, pero éste no es el verdadero ideal. El ideal es imposible bajo el comunismo.

El ideal es lo que puede unir lo más alto y lo más bajo en una armoniosa alegría. ¿Podemos lograr el ideal si confrontamos lo más alto y lo más bajo en una lucha? Esa ideología de lucha está extendiéndose ahora sobre la faz de la Tierra, afectando a millones de vidas cada día. La mala ideología del comunismo convierte a la gente en seres inhumanos y de sangre fría; muerte y exterminación constituyen la dieta diaria en los países comunistas. En su vida el presidente Mao exterminó a más de ciento cincuenta millones de personas y sólo en Corea del Norte, acabó con la vida de tres millones de ellas. El *New York Times* recientemente publicó el desolador exterminio de seiscientas mil en Vietnam del Sur a raíz de la guerra. ¿Es esta la ideología en la que podemos encontrar unificación? El comunismo es verdaderamente el enemigo de la humanidad, el enemigo del ideal, y por tanto, el enemigo de Dios.

El problema fundamental de la humanidad es cómo restaurar el amor

En estos días "los Derechos Humanos" se han convertido en la expresión clave en la administración de Carter, y esta preocupación es elogiable. Sin embargo, es aún más grande el derecho a la vida. El comunismo no solo está violando los derechos humanos sino que también está quebrantando el derecho a la vida de millones de personas.

En una situación tan extrema, hablar de los derechos humanos no tiene sentido; si esta Administración fuera realmente seria respecto a estas reivindicaciones, debería hablar sobre los millones de personas que han sido privadas del derecho a vivir. América debe levantarse y declarar que el comunismo es el peor enemigo de la humanidad. Debemos preservar y salvar el derecho a vivir. Muchos millones ya han sido privados de ese de-

En reunión con miembros Internacionales

recho. Hay gente encarcelada, prisionera del comunismo. ¿Al estar delante del pelotón de ejecución, clamaron el nombre de Stalin, Mao Tsetung o Kim Il Sung? ¿O en lo más profundo de sus corazones clamaron desesperadamente el nombre de Dios, para que de alguna forma Él ejerciera su poder, para que el comunismo no pudiera continuar con semejante crueldad?

Sin incluir el amor no se puede hablar de la "unificación" y del "ideal". El problema fundamental de la humanidad actual es cómo restaurar el amor. Si no podemos restaurar el amor, ¿pensáis que podemos establecer una verdadera paz o un mundo de hermandad? ¿Podemos realizar el ideal sin amor?

Vosotros sois realmente el resultado de este maravilloso principio, porque fuisteis una parte de la fuerza unificadora del amor de vuestro padre y madre, y vuestra vida empezó en ese punto. Vosotros participasteis en sus vidas y el florecimiento de su ideal fue el comienzo de vuestra vida. Participasteis en el amor de vuestros padres, que les unió y trajo vida, participasteis en el amor de padres que trajo el ideal. Si quitáramos una de estas tres bases, entonces sucumbiría todo el ideal. No podéis suprimir el ideal, no podéis quitar la vida, no podéis impedir la armonía y unificación.

Padres e hijos estarán eternamente unidos incluso si la madre tiene joroba y el padre es el más feo bajo el sol, nada puede separarles de su destinada relación como padres e hijos. ¿Cambiaríais a vuestros padres por unos más atractivos? Sois parte de ellos y no podéis separaros de ellos. Sois el resultado de su armonía, su vida y su ideal. ¿No sentís un instinto por defenderles de las críticas? ¿Por qué es tan fuerte el sentimiento hacia ellos? Porque estáis conectados a ellos. Cuando algo es malo para ellos, automáticamente lo es para vosotros. Hay un impulso instintivo de protección en la relación de amor entre padres e hijos, porque en este universo hay una fuerza protectora que preserva la entidad del amor. Ahora podéis comprender lógicamente lo que habéis sentido en el pasado.

¿Vais a estar conectados con vuestros padres por la eternidad o deberíais separaros de ellos? Dirigiéndome particularmente a las mujeres, cuando os caséis y tengáis vuestra propia casa ¿recibiréis por igual a vuestros suegros y a vuestro padres en vuestra casa? Antes de entrar en nuestro movimiento ¿pensábais de la misma forma que ahora? ¿Querríais tener un marido? o ¿Preferiríais tener un marido sin suegros? Sed honestos. Ellos son una carga. ¿Es una forma de pensar egoísta o no? Si ocurre que te casas con alguien que no tiene padre ni madre, entonces, con el fin de cumplir este ideal, debes hacer que vivan contigo aunque sea tus padrinos, así tienes a alguien a quien servir y a quien estar unido. Si ahora pensáis así es solamente porque habéis comprendido la verdad sobre cómo hombres y mujeres deben vivir. ¿Es natural que los padres se divorcien? Probablemente no digáis nada en este momento, pero cuando vuestro padre y madre se separaron ¿lo aprobásteis en vuestros corazones? ¿Fue vuestra disconformidad temporal o eterna?

Por cuanto han poseído el amor antes que tú, tus padres son más grandes que tú

Tenéis un instinto que rechaza estar separado de esa unidad amorosa, aunque debería permanecer para la eternidad. No hay un adjetivo como «temporal» para expresar el amor, el amor es para la eternidad. Todos vosotros queréis estar en una relación de amor con vuestros padres para la eternidad y si este circuito eterno de amor se rompe por alguna razón, en lo más profundo de vuestro corazón nunca lo aceptaréis. No sería un crimen ni un pecado sino el instinto de la propia conservación. Mientras no tengamos una razón lógica y unos principios que expliquen la conducta y la naturaleza humanas, no podremos tener una verdadera visión del futuro, sino que permaneceremos en la oscuridad. ¿Quién es más grande, vuestros padres o vosotros? Vuestros padres son más grandes porque ellos poseyeron el amor antes de que existierais, y siempre van a ir por delante de vosotros en la posesión del amor. Vosotros vinisteis de su amor, y por esta razón no os queda más recurso que seguirles. No importa lo miserables que puedan ser tu padre o tu madre, en el momento en que tengas una relación de amor nunca querrás estar separado de ellos, incluso después de que terminéis la vida aquí en la Tierra. ¿No es verdad? Esta mañana he presentado el claro principio del amor, así que no necesito decir nada más. Podéis declarar ante vuestros padres: «Sin mí no tenéis verdadero amor porque yo estuve allí y participé. Yo era un elemento muy importante de vuestra relación de amor». Como un hijo podéis decir a vuestros padres: «Yo no puedo ser parte de vosotros o uno con vosotros hasta que haya unidad y amor entre vosotros dos. Vuestra unidad, vuestra verdadera comprensión y vuestro verdadero ideal, es lo que puede unirme a vosotros». Un hijo o hija pueden condicionar a sus padres de esta forma.

Con amor entre vuestro padre y madre empezaréis a ver verdadera armonía y el ideal emergiendo en vuestra propia casa, y realmente querréis estar allí. Pero hoy muchas casas americanas son justamente lo opuesto, por esto hay tanta distancia entre padres y los hijos. Tan pronto como haya una atmosfera agradable y de amor en casa los hijos nunca querrán dejarla. Pero incluso si los hijos se fueran y se hicieran *hippies*, si en casa hay una ambiente de amor, acabarían volviendo arrepentidos.

Quiero reorganizar las casas americanas bajo el principio del amor. Quiero ver un cambio revolucionario en las casas americanas, para que de esta forma la impersonal unidad reinante se transforme en una verdadera unidad de amor. Este es el trabajo que yo estoy haciendo. Gracias por vuestros aplausos. ¿Ya lo habíais pensado? Hay mucha gente que no quiere ver la realidad y cuando oyen hablar de ello, no quieren saber nada. Prefieren señalarme con el dedo y responderme: «Vete a tu casa, no molestes. Vive tu vida. ¿Por qué molestas a América?». Cuando leéis entre las líneas del *New York Times* y *Washington Post* veréis «¿Por qué molestas a América?».

Si la televisión me diera dos horas de tiempo y doscientos veinte millones de americanos pudieran escuchar el verdadero significado de la familia, el verdadero significado del amor y las verdaderas relaciones entre padres e hijos, entonces podríamos influir a América. El renacimiento de la prosperidad americana dependería de este par de horas que escucharan. Pero como hay una enorme negatividad contra mí, esto nunca se dará.

¿Sentís una ira celestial por esto? ¿Tenéis la determinación en vuestro corazón de cruzar y derribar toda la negatividad, de tal forma que existiera la oportunidad de cambiar a doscientos veinte millones de personas? Esta negatividad contra mí no está solo dañándoos a vosotros y a vuestro estilo de vida, también está bloqueando todo el futuro de América y del mundo. Es algo muy serio.

El comunismo y Satán siempre hacen lo contrario que yo; el mundo libre, sin embargo, debería apoyar y escuchar la verdad. Día y noche estamos luchando por el cumplimiento de esta meta. Debemos llegar a ser personas sustanciales y respetadas con el fin de ser inspirados por Dios. ¿Debemos tener éxito en empresas como el periódico, la imprenta y la universidad?

La emergencia está sobre nosotros y antes de evadirnos de esta bomba debemos conseguir nuestra meta. Yo estoy ansioso porque me gustaría que este trabajo estuviera hecho ya. Día tras día debemos darnos fuerza a nosotros mismos. La providencia de restaurar el verdadero amor está ahora en marcha, y los esfuerzos de todo el Cielo y la Tierra están enfocados en la restauración de este amor en la humanidad. Solo el amor puede traer el cumplimiento y la perfección. Solo el amor trae la verdadera plenitud de la vida.

El verdadero amor nunca será revolucionado.

¿Puede el amor hablar al pasado, al presente y al futuro? Llegamos a otro principio. El valor del amor nunca cambia. El valor y el principio del amor para nuestros antepasados, aun hace miles de años, fue exactamente el mismo. Puede que el estilo de vida haya mejorado desde hace miles de años, pero el contenido del amor no ha cambiado. En diez mil años este valor del amor no cambiará. Dios construyó todo el universo basado en la relación recíproca entre dos entidades, sujeto y objeto, y mientras que la existencia de esta relación continúe, el principio y la energía del amor no cambiará. De acuerdo con el materialismo dialéctico, la materia es el origen del universo. ¿Tiene esta afirmación sentido para vosotros o no? Si el amor forma la verdad central del universo ¿cómo podría otro concepto diferente crear el mismo resultado? A menos que la gente no hable sobre el amor, no podrá hablar de unificación.

¿Creéis que el amor es solamente dulce hoy porque ha avanzado la ciencia? Tal vez hace miles de años el amor fue dulce, mientras que hoy tiene muchas elementos artificiales, y se ha convertido en sucio e impuro. Sin embargo, tan pronto como el verdadero amor se desconecta no hay revolución o avance; el amor tiene un origen y ese origen nunca cambia. Por esto el contenido del amor será siempre el mismo. Tan pronto como haya armonía en el amor, la vida y el ideal unidos a la fuente original no cambiarán. El mundo del verdadero amor es el mundo de la unificación, del que nosotros estamos hablando: el mundo de la unidad, verdadera vida y verdadero ideal. ¿Dónde os gustaría vivir vuestra vida? ¿Preferiríais vivirla en este mundo de amor artificial y carnal o preferiríais vivirla en el mundo del verdadero amor y de la vida centrada en Dios? Vuestra respuesta es una prueba de la existencia de esperanza para la unidad. Si todos pensáis así, entonces hay un canal para la verdadera unificación y el ideal podrá ser construido sobre este amor.

¿Es la ambición y el deseo original de Dios que el mundo y la humanidad prueben la unidad y verdadera vida y verdadero ideal, o Él se preocupa poco de hacia dónde va el mundo? El deseo de Dios es el mismo que el del hombre pero solamente se puede cumplir por la respuesta de los hombres. De la misma forma, el deseo de los hombres solo puede cumplirse cuando recibimos la respuesta de Dios. Nuestro ideal habita en Dios, y el ideal de Dios mora en el hombre.

Si queréis poseer el amor universal de Dios debéis tener una personalidad universal. A mí me gustaría que todos tuvierais una personalidad universal, pero ¿dónde empezaremos? ¿Con la Iglesia de la Unificación, o en el nivel nacional o mundial? No podemos empezar sólo con un individuo, porque como ya expliqué esta mañana, una persona sola no puede multiplicar el amor. Debe haber un circuito y la unidad básica del circuito es vuestra casa, vuestra familia. Esta es la base central.

Si conquistáis el mundo pero no tenéis armonía en vuestra propia casa, entonces no podréis ser la persona que ha cumplido el ideal. El presidente Carter puede ser verdaderamente un gran hombre de Estado y contar con poder e influencia en el mundo entero, pero si en su propia familia hay una constante lucha, ¿puede ser una persona feliz? El mundo ideal empieza en vuestra casa, el Cielo empieza en vuestro hogar.

Con su esposa Hak Ja Han

Cuando Jesús vino a proclamar la verdad ¿dijo Él que una persona sola podría ir al Cielo? Jesús habló del Cielo incluyendo la novia y el novio. Cuando leéis las Escrituras podéis ver cómo Jesús hubiera fundado el reino de Dios con su novia. Al describir la vuelta de Cristo, el Apocalipsis habla claramente de la cena de las bodas del Cordero, donde Él aparecerá en su victoria como novio acompañado de su novia. La creación de un hogar modelo es necesaria para que sea el centro del universo, y el propósito de la llegada de Jesús fue construir esa familia modelo.

No importa en cuántas partes dividas el universo para buscar el atajo de la unificación, no encontrarás una mejor solución que esta. Si hay Dios, entonces Él tiene que ser su camino de la realeza. Suponed que hasta ahora Dios ha estado medio dormido, verdaderamente despreocupado por construir su reino aquí en la Tierra y de repente Él me oye dar este mensaje aquí, yo estoy convencido de que exclamaría: «Mi hijo, tienes algo mejor que Yo, facilítamelo».

Habéis estudiado Filosofía y Ciencia e investigado en las bibliotecas, pero ¿habéis escuchado alguna vez algo sobre esto? Estáis escuchando una conferencia muy cara, ¿no? ¿Sois nuevos aquí, obligados por la estricta organización a creer ciertas cosas, o estáis alegremente respondiendo a la verdad? Estáis experimentando la mayor de las más grandes revoluciones, un cambio del corazón.

Nuestra herencia más grande será la tradición del amor

¿Son el Cielo y nuestros hogares conceptos totalmente diferentes o están unidos y son similares? ¿Quién habita en nuestros hogares? Hijos. ¿Quién más? Marido y esposa, ¿quién más? Sois realmente americanos malos porque nombráis al abuelo y a la abuela los últimos. ¿Se unirán todos estos miembros de vuestra casa por leyes y normas? El verdadero amor de Dios les unirá. El sentimiento de entrega y afecto entre los abuelos, padres, marido, y esposa e hijos, conseguirá crear una relación de amor inmutable.

Hay acción de vida en ese amor inmutable, donde ellos hablan del ideal y de sus esperanzas para el futuro. Cualquiera que profundamente respete el amor entre los abuelos, marido y esposa, y entre los padres y los hijos, está calificado para ser un ciudadano del reino de Dios. La mayor herencia que los abuelos dan a vuestros padres es la tradición del amor, y que a su vez nos dan a nosotros. Estáis convirtiéndoos en marido y esposa, y vuestro deber es dar la herencia del amor a vuestros hijos. La herencia del amor es la misma y no podéis quitar ningún nivel de este amor haciendo elecciones. El mismo principio se aplica a cada relación.

La aplicación de la verdad significa que debéis amar a vuestros padres y abuelos con la misma intensidad con la que os amáis el uno al otro como marido y esposa. El mismo corazón creará un corazón en vuestro hogar, que es la base del reino de Dios en la Tierra. Vosotros y vuestras familias constituiréis el núcleo o la base del reino de Dios en la Tierra, y muchas familias juntas harán la sociedad, nación y reino sobre la Tierra. ¿Veis cómo todas estas relaciones son igualmente valiosas?

Comparando los hogares americanos con este estándar, ¿viven ellos este principio? ¿Son los abuelos en América generalmente gente feliz? ¿Con quién quieren ellos vivir? La conclusión más lógica es que los abuelos quieran vivir con sus hijos, porque eso está en armonía con la verdad universal. Dios quiere vivir con sus propios hijos y los abuelos heredan esta tradición. Cuando seáis viejos ¿querréis vivir en un asilo teniendo solamente enfermeras con vosotros? ¿Por qué no? Es un destino común que todos nosotros algún día lleguemos a ser un abuelo. Los asilos pueden ser convenientes por tener a mano servicios médicos en caso de emergencia, pero aun así los inconvenientes son más. La gente mayor realmente quiere tener a sus propios hijos con ellos, reírse con ellos y cuidar a sus nietos. ¿No pensaréis así cuando os hagáis viejos? ¿No deberíamos cambiar la estructura familiar americana?

Todo el universo os escuchará cuando os unáis en amor

¿Cuándo se unirá el universo? Seguramente nunca antes habíais pensado sobre esto. El centro del universo es la humanidad, es decir, los hombres y las mujeres. Esos hombres y mujeres que habitan y representan todo el universo constituyen el centro del mismo. La unidad de todo el universo se conseguirá cuando hombres y mujeres estén unidos en amor. Este es el punto por el que el universo puede unirse. ¿Se unirá el universo si dos hombres se juntan? El hombre representa el Cielo y la mujer representa la Tierra, y como el hombre representa al sujeto o la posición agresiva, él tomará la iniciativa. ¿Sois esa clase de hombres o no? Sois obstinados y queréis ser vuestro propio dueño. Solamente escucháis cuando la verdad os convence, rindiéndoos de mala gana. Un hombre va derecho hacia donde está el amor, nada puede conquistar a un hombre, a excepción de la verdad y el amor. Los hombres son así de obstinados.

¿Qué hay de las mujeres? ¿Queréis tomar la iniciativa o ser recipientes del amor? ¿Queréis, mujeres, recibir una propuesta de un hombre o hacer vosotras la proposición? Las mujeres fueron hechas para recibir y los hombres fueron hechos para iniciar la acción. Dios también dio tanto a hombres como mujeres papeles particulares en el amor: los hombres tomarán la iniciativa y las mujeres el papel más pasivo.

Cielo y Tierra se unirán cuando los hombres y las mujeres se unan, con el hombre representando el Cielo y las mujeres representando la Tierra. Pero cada uno de ellos, el marido y la esposa, son más grandes que el universo. Vuestra esposa no es meramente una mujer, vuestro marido no es meramente un hombre. Cada uno representa el universo entero. Si tenemos en cuenta que el amor es la fuerza que conquista el universo, todo el universo escuchará cuando os unís en amor. ¿Qué clase de marido queréis? ¿Queréis un marido que solamente os tenga como esclava? ¿O queréis un marido que os vea como alguien mayor que el universo? ¿Qué clase de esposa queréis? Cada uno deseáis tener esa clase de preciosidad.

Es natural que los hombres y mujeres jóvenes, siendo adolescentes, sean muy románticos hablando sobre el universo, sumergiéndose en la música y leyendo poemas románticos. Caen en la cuenta de que pueden comunicarse con el universo, que el universo les representa. Cuando los adolescentes piensan en ser hombres o mujeres, ven sus vidas a través de los más altos ideales y los más hermosos sueños, anhelando en términos del universo e equiparando su amado al universo.

¿Queréis vivir en cámara lenta si tenéis la urgencia de uniros con ese tipo de amor? Esta es la edad de la pasión y queréis ser como una bola de fuego, resplandeciendo en unidad con vuestro amor y concentrando todo vuestro ser en vuestro amor. La expresión japonesa *kamikaze* transmite ese espíritu. Queréis expresar vuestro ideal de la manera más emocionante, maravillosa y extraordinaria posible y os encanta exagerar: «Chico, todo el mundo es mío».

En realidad, los hombres y las mujeres parten de diferentes extremos, pero cuando se unen sienten que paso a paso todo el universo resuena con ellos, y toda la naturaleza responde. Esta es la pasión joven. Cuando los hombres y las mujeres se ponen serios, Dios también lo hace. Cuando están emocionados y románticos, Dios se pone romántico. Cuando un hombre y una mujer joven se sumergen cada uno en el otro en una colisión celestial de amor, la explosión es más grande que la de un trueno. Cuando la pasión de los jóvenes colisione , conmocionarán incluso a Dios. Cuando Dios sea una parte de la pasión joven, ese amor será eterno, no una emoción fútil, sino algo serio y precioso. ¿Debería el amor entre el marido y la esposa estabilizarse en un punto central sólido, o debería volar con el viento? El amor entre el marido y la esposa debería estabilizarse, como una burbuja en un nivel horizontal. Los diamantes también tienen una cierta estructura estable que no cambia. Cuando esta fuerza universal de amor pasional, lleva al marido y a la esposa a fundirse en uno, entonces ¿son pobres prisioneros oprimidos, o sienten realmente libertad y alegría en su amor? Esta es la clase de adultos que debéis llegar a ser, no temerarios y superficiales. Debéis ser una gran ancla, como la fuerza estabilizadora del universo.

La amplitud de vuestro amor determinará vuestro valor eterno

Os casáis para acabar divorciándoos ¿verdad? ¿Por qué no? Una vez que sabéis esta verdad debéis vivirla, y si incluso tratáis de separaros, estaríais totalmente abatidos por la pena que produce. No sobreviviríais. Si vuestro amor no cambia, ¿cambiarían o no tus alegres canciones y bailes? Al pasar el tiempo puede cambiar el formato, pero no vuestro motivo para cantar y bailar porque son una expresión de alegría. Los hombres y las mujeres, como marido y esposa llegan a ser el polo central estabilizador del universo uniendo el Cielo y la Tierra. Tanto en el mundo espiritual y como en el físico, el valor de una pareja es el mismo y cuanto más territorio conquisten y abarquen con su amor aquí en la Tierra, tanto más territorio podrán tener en el mundo espiritual. La amplitud de ese área determinará su profunda comprensión de la vida espiritual y su valor en el mundo espiritual. En último término, lo mucho que practiquéis este principio aquí en la Tierra será la medida sobre la cual te merecerás territorio en el mundo espiritual.

Cuando os desviéis de la línea vertical, no podréis hablar más sobre el territorio o sobre el principio. Sólo si os estableceéis en el punto central y os movéis en la línea vertical, tendréis territorio. Si lo obviáis, vuestra existencia será como polvo o como el rocío de la mañana que viene y se va. Solo la línea vertical del amor os enlazará con el universo.

Si un círculo representa el universo, el área inferior a la línea horizontal que pasa por el centro representa el mundo físico y la superior representa el mundo espiritual. Podéis dibujar miles de líneas verticales en el círculo, pero la línea vertical más larga sólo será aquella que pasa por el centro. Esa es la línea del amor de la que yo he hablado. En este círculo dividido, el lado derecho representa al hombre y el izquierdo a la mujer, cada uno a la misma distancia del centro. Cuando este hombre y esta mujer se unan con perfecta unidad, se formará automáticamente una línea vertical en el centro.

Es un principio universal: donde hay un perfecto más y un perfecto menos, automáticamente aparece existencia. Cuando se añade perfecto entonces se genera automáticamente un perfecto menos; podemos verificarlo en el principio de la electricidad. Así, cuando el marido perfecto y la esposa perfecta se unen, entonces Cielo y Tierra se juntan automáticamente y los padres aparecen. En nuestras relaciones humanas como individuos, cuando Dios y el individuo son una unidad vertical, la hermandad horizontal aparece automáticamente. Sin embargo, antes de que esto se lograra, la caída del hombre destruyó todo el fundamento del universo.

El punto donde los hombres y las mujeres se unen es el mundo donde Dios quiere habitar. Esta línea central es la línea del amor. Dios mora en el centro del amor del marido y la esposa. Una vez que hay verdadero amor uniendo al marido y la esposa, sus hogares se convierten en la morada del mismo Dios. La familia está directamente conectada al amor eterno de Dios donde la unidad, la vida y el ideal centrados en Dios se establecen. Una vez consolidado ese amor, lo abarcareis todo.

El proceso de la madurez del amor

El tema de hoy es «Lo más grande de todo es el amor». Esta ha sido la primera parte. En la segunda parte quiero explicar cómo deberíamos vivir y aplicar el principio aquí en la Tierra. Si empiezo con este tema, me llevaría toda la mañana, ¿lo hacemos ahora?

Después de nacer crecéis instintivamente en el amor de vuestros padres, pero al crecer hacia la madurez gradualmente os hacéis más independientes. ¿Hacia dónde os dirigís? Buscáis pareja ¿verdad? ¿Dirán vuestros padres: «Granuja, nos has querido hasta ahora y ahora nos dejas» o manifestarán: «Mi hijo, mi hija este es tu día. Yo te comprendo. Ve y busca tu pareja ideal». ¿Los padres están desanimados y desesperados durante ese tiempo o están llenos de alegría? Donde los hombres y mujeres se unen la atmosfera se enriquece. Los hijos nacen y crecen en el amor de sus padres. En esta etapa su amor está aún en formación. Cuando los niños crecen buscan gradualmente su propio amor, y en el matrimonio su amor alcanza la etapa de crecimiento. ¿Están el marido y la esposa contentos de solo amarse el uno al otro o quieren tener algo más? Cuan-

Paseo en la montaña

do tienen una relación de amor con sus hijos su amor alcanza la etapa de perfección. Dios creó la vida del hombre aquí en la Tierra para completar tres ciclos completos de amor. En el nivel de formación experimentamos recibir el amor de los padres, el amor conyugal es el nivel de crecimiento. El amor en su nivel de perfección es la entrega y el afecto de los padres hacia sus hijos. ¿Estarán vuestros padres celosos, al ver cuánto amáis a sus nietos o serán felices al veros a vosotros y a vuestros hijos tan llenos de amor? La madurez del amor es un proceso natural y todos le dan la bienvenida. Los padres y los hijos tienen una relación eterna. El amor de la etapa de formación permanecerá eternamente, el amor conyugal y el amor de los padres hacia sus hijos serán también inmutables. Este es el campo común del amor en el que no hay cambio. El pilar básico del reino de Dios es vuestro hogar. Sin embargo, la meta de Dios no es tener sólo una casa, sino expandir su ideal a la sociedad, nación, al mundo y al universo. La meta de Dios también incluye al mundo espiritual, tenéis que alcanzar todos los lugares del mundo y entonces volver al punto de comienzo con todo vuestro hogar. ¿Queréis abrazar al universo con vuestros propios brazos?

¿Queréis cogerlo para sacar algún beneficio o queréis abrazarlo con amor? Si el universo de repente descubre que eres la peor clase de criminal dictador, se volverá contra ti. Sin embargo, si amas al universo, este querrá permanecer abrazado por ti. ¿Cuánto queréis amar al mundo? Vuestro estándar es amar al mundo más que a vosotros mismos y a vuestras propias cosas.

¿Qué criterio determina si alguien es un patriota americano? Si alguien ama a América más que a su esposa y a su familia, entonces será considerado un verdadero patriota. El universo espera ser amado por alguien que pueda amar más al universo que a su propia vida. Alguien que verdaderamente se sacrifica, amando a la nación más que a su familia y a sus cosas, es verdaderamente el supremo patriota.

Hombres grandes y hombres santos.

Profundizando, podemos clasificar a las grandes personas en dos categorías: una es la de los grandes hombres, y otra la de los santos y hombres sagrados. ¿Cuál es la diferencia? Cada país tiene grandes hombres o héroes y patriotas. Desde el punto de vista nacional una persona puede ser grande, pero sin embargo, no ser un santo o un hombre sagrado. Un hombre sagrado o un santo es aquel que ama a todo el mundo más que a sí mismo, lo que es suyo o incluso a su propio país. Un americano que ame al mundo tanto como para sacrificarse a sí mismo, su familia y su nación, está verdaderamente en la categoría de un hombre sagrado o santo, porque eso es exactamente lo que Dios ha hecho.

Dios es la causa y quien le refleja perfectamente en sus obras es un santo.

Examinemos el modelo que Dios da en *La Historia de la Restauración*. Con el fin de salvar al mundo, Dios dio a su único hijo e incluso permitió que le mataran. Dios ha estado sacrificando a sus hombres de fe una y otra vez, permitiendo que aquellos que más se unieron a él fueran mártires con el fin de salvar al mundo. Dios no destruyó a sus enemigos o a la gente mala; sino que continuó sacrificando a su propia gente, a sus propios hijos e hijas, sacrificando su esperanza para la salvación del mundo. Por consiguiente, a través de la historia, los hombres sagrados son aquellos que demostraron al máximo el espíritu sacrificial de Dios. ¿A qué categoría queréis pertenecer, a la de los grandes hombres o a la de los santos?

Cuando los padres ven a sus hijos madurando y convirtiéndose en adultos formando su propia familia ¿se romperá su corazón? ¿Se apenarán al ver a sus hijos e hijas independizarse de los viejos lazos familiares? Por supuesto que se sentirán tristes si eso significara una separación eterna, pero sus hijos están madurando a otra etapa de la vida, y al convertirse los hijos a su vez en padres, podrán apreciar mucho más a sus propios padres.

Cuando el marido y la esposa experimentan el amor conyugal sienten: «Este es el amor que nuestros padres experimentaron antes de que nosotros naciéramos». Y cuando ellos son padres y aman a sus propios hijos entonces sienten profundamente: «Este es el amor que nosotros recibimos de nuestros padres. Esta es la alegría que ellos sintieron». Al hacerte más maduro podrás apreciar más profundamente tu relación con tus padres. A primera vista, el nacimiento de tus propios hijos puede crear más distancia entre tus padres y tú. Pero, en realidad, a través de la experiencia de amar a tus propios hijos notarás un nuevo aspecto del amor con tus padres.

La ley de Dios promulga que madures en amor y avances de una etapa a otra: del amor filial al conyugal y del amor de los padres al de los hijos. El mismo desarrollo ocurre en un nivel horizontal. Tu amor para tu familia expande tu amor por la sociedad en la que vives. Esa expansión no disminuirá tu amor para tu familia, sino que lo desarrollará hacia una madurez mayor. Tu amor a la sociedad crecerá en un amor hacia la nación y el mundo. Tu amor continuará progresando a una madurez enriquecedora. Si el presidente Carter demostrara espíritu sacrificial en el servicio a este país, sacrificando literalmente todo lo que es suyo, incluyendo a su familia, entonces la gente americana le alabaría y haría esfuerzos para ayudar a su familia. Si se diera un espíritu sacrificial así, el lazo entre el Gobierno y la gente se haría más profundo y habría cada vez más simpatía mutua.

Si demostráis un espíritu sacrificial extraordinario, con el fin de alcanzar alguna causa más alta, entonces, una vez que lo consigáis, la gente no sólo os alabará a vosotros sino también a todo aquello que habéis sacrificado. Si una familia se sacrificara por el propósito de la sociedad, ello sería un ejemplo heroico para las otras, recibiría reconocimiento y aceptación, y también serviría para crear una unidad más grande en la sociedad. ¿Por qué os estoy diciendo esto? Suponed que en vez de perseguir sólo su propio beneficio, América demuestra un espíritu sacrificial para el beneficio del mundo. Después de conseguir la salvación del mundo América no sería destruida sino que recibiría gloria y gratitud.

Si un santo lo dio todo, su propia vida, su familia y círculo cercano con el fin de salvar a la humanidad pecaminosa y liberar la pena de Dios, entonces todo lo que él usó como instrumento de sus esfuerzos, todo lo que él sacrificó para ese propósito, será inmortalizado y apreciado al final. Todo lo que sacrificó se unirá con él como su último cumplimiento.

Cualquiera que practique la forma de vivir de Dios nunca puede ser acusado por Satán.

La Iglesia de la Unificación tiene la meta de la liberación, uniendo a tan maravillosos jóvenes de todas las razas y de los seis continentes. Queremos ser un sacrificio para el beneficio de la salvación del mundo y para el cumplimiento de la voluntad de Dios, y una vez que hayamos conseguido esa meta nunca seremos olvidados. Una vez que llegue el día de la victoria, no solo participaréis en ese acontecimiento, sino que vuestra vida llevará a toda la humanidad a la gloria.

¿Por qué nunca seréis olvidados? Aquellos que participen en el cumplimiento del ideal de Dios habrán vivido el estilo de vida de Dios, sacrificando su familia para la salvación de su tribu, su tribu para la sociedad, y su sociedad para la nación y el mundo. Como Dios vive así, cualquiera que siga este principio no declinará y nunca será destruido. Dios sigue este camino porque una vez que el reino de los Cielos más elevado sea construido aquí en la Tierra, Satán no podrá acusar de ninguna manera.

La verdadera religión experimenta persecución, y la religión que une al mundo recibirá inevitablemente persecución. Nosotros no damos excusas o no nos quejamos porque sabemos que tiene que ser así. A pesar de todo, elegimos esta vida. Obedecemos humildemente el mandato de Dios y vamos a través de este camino en silencio. La Iglesia de la Unificación está destinada a seguir esta trayectoria. ¿Podéis renunciar por el beneficio de Dios a vuestra familia y nación e incluso sacrificar este mundo? ¿Cómo podéis decir que sí? Sabéis en lo más recóndito de vuestro corazón que no vais a perder nada, ninguno de vuestros sacrificios será en vano, sino que traerán los más grandes resultados. Esto lo sabéis en vuestro interior.

Considerado de un solo modo en términos comerciales, este garantizado retorno es realmente un fantástico negocio. La Iglesia de la Unificación aparenta ser un cordero abandonado, una comunidad despreciada nación por nación, pero nuestra respuesta nunca es un ataque. ¿No sabemos cómo luchar? No, sabemos cómo luchar, pero tenemos una razón y Dios tiene un motivo para tener paciencia. Él ha calmado su ira porque su propósito es salvar un alma más. Dios puede juzgar a la humanidad en cualquier momento, pero Él está retrasando el juicio con el fin de salvar a tanta gente como sea posible. Así es como Él trabaja.

La estrategia divina del sacrificio traerá una armonía mayor

Si conseguimos la unificación del mundo a través de este proceso, entonces ninguna persona del pasado, presente o futuro podrá criticar o desacreditar nuestro cumplimiento. Los

Con la madre de su esposa Dae Mo Nim

que están ahora tratando de destruirnos, pronto se darán cuenta de la clase de crimen que están cometiendo y se arrepentirán avergonzados. Ellos se están juzgando a sí mismos, no nosotros.

Si Dios es el rey de la sabiduría, entonces debemos comprender por qué Dios ha seguido este camino. Él escogió esta estrategia como una táctica para ganar la victoria más grande. Esta es la forma de dirigir que atraerá a los que no tienen fe en Dios. En el mundo de Satán este sacrificio pone fin a las relaciones, pero en el lado de Dios la renuncia o separación traerá una mayor armonía; de tal forma que a mayor grado de separación, mayor armonía resultará. Para un propósito común vamos en direcciones diferentes y, aunque exista una separación física, no hay ninguna pérdida espiritual porque estamos unidos en un mismo objetivo. En el mundo de Dios la separación física traerá mayor armonía y mayor cumplimento.

La vida egoísta es la forma de vida satánica y la vida generosa es la forma de vida centrada en Dios. Pero el vivir por los demás es el camino más corto para alcanzar el mundo ideal de Dios y una vida que crecerá y se expandirá. Debemos adoptar esto como nuestro estilo de vida. ¿Viviréis esta clase de vida sólo hasta que seáis bendecidos o también después? ¿Lo perseguiréis hasta el último paso de la victoria de Dios?

Este es mi estilo de vida, mi esposa y mis hijos tienen que sacrificarse pero yo no puedo dejar esta misión. Incluso aunque yo muriera antes de ganar la victoria final, la providencia no se pararía. Una vez que se cumpla la dispensación por la que yo me he renunciado a mí mismo y a mi familia, Dios será responsable de restaurarnos, tanto a mí como a mi familia. Dios será capaz de darme todo lo que yo desee y le pida: «Primero, yo quiero la salvación del mundo, la humanidad debe vivir. Después, yo quiero ver a mi familia restaurada». Entonces Dios lo hará. Entonces el sacrificio no significa pérdida. El mundo físico no es nuestro último lugar y sacrificarse es el derecho divino de participar en el cumplimiento de la meta esencial de Dios. Más allá de este mundo tenemos otro, nuestro eterno hogar.

Si yo vivo y muero únicamente por el beneficio de la humanidad entonces ¿a dónde irá la humanidad? Algún día, todos nos encontraremos en el eterno mundo espiritual. El pináculo de nuestras vidas no se alcanza en las pocas décadas de nuestro tiempo en la Tierra. La porción de Cielo que tendréis reservada en el mundo espiritual estará determinada por el sacrificio que demostréis en beneficio del mundo. Mientras que estéis aquí en la Tierra, quiero que recordéis esto.

Puede que vuestros padres no os comprendan ahora, ni América como vuestra propia nación, pero yo quiero que comprendáis que esta renuncia es temporal. Podéis decirles que esperen y sean pacientes, y también vosotros debéis serlo. Esta separación no será definitiva ni eterna, sino que, al contrario, cosecharéis la bendición para ellos, los abrazaréis y ellos os estarán agradecidos. Yo he vivido así. En Corea yo lo di todo y estuve bajo el más intolerable acoso, estando siempre perseguido y acusado. Nunca viví mi vida para mí mismo o mi familia, sólo para la voluntad de Dios. En América estoy yendo por el mismo camino.

Una nación tan rica como América debería estar avergonzada por su tratamiento hacia esta Iglesia y hacia mí, pero dejad que nos acusen. Nadie quiere admitir que yo no le debo nada a América, pero en realidad América está en deuda conmigo, tanto física como espiritualmente. Otras naciones envían a sus representantes a este país para que de alguna forma les den más apoyo económico o ayuda, pero yo he hecho exactamente lo opuesto, yo vine a dar mi vida y todo lo que tengo por el bien y la prosperidad de América.

América me ha tratado con desprecio, no solamente a mí sino también a vosotros. Sin embargo, cuando conozcan la verdad y comprendan el tipo de relación que tenemos con Dios, se rendirán ante nosotros. Esa es nuestra meta y esperanza. Aunque seamos golpeados iremos hacia adelante. Nada puede detenernos. Todas nuestras renuncias fructificarán, porque nuestra vida de cada día es una existencia sacrificial. Cada parte de ella dará cosecha. Incluso aunque yo llegue a ser una ofrenda por el mal entendimiento de América. Si no fuera así, todo lo que os estoy enseñando sería mentira.

¿Cómo va a pagar esta nación su deuda? Debo dejar una oportunidad para que América pueda solventarla. Aunque lo hacen los descendientes de aquellos que me malinterpretaron durante mi vida. La forma mediante la cual puedo ofrecer esa oportunidad es a través de un continuo e incondicional perdón a esta nación. Ese ha sido el estilo de vida de Dios. El corazón de Dios abraza incluso a su enemigo y nunca le denunciará o le echará. Esta es la fuerza que os gobierna y une. ¿Qué clase de poder puede dividirnos y separarnos de esa voluntad? Sólo el poder del amor puede conquistarlo todo.

El amor traerá la victoria eterna y el Cielo eterno. Cuando poseáis ese amor particular de Dios podréis subir tan alto como deseéis y hacer todo lo que queráis. Sólo ese amor puede daros la liberación completa. Ese es mi destino, ¿es también el vuestro?

Que Dios os bendiga.

Oremos.

El camino de las religiones para conseguir la Paz Mundial

27 de agosto de 1991
Seúl, Corea

Respetados y eminentes religiosos de países de todo el mundo, distinguidos representantes de organizaciones religiosas mundiales y todos los participantes que estén aquí presentes. Desde lo más profundo de mi corazón os doy la bienvenida a esta histórica Asamblea de la Federación Interreligiosa para la Paz Mundial.

En mi discurso ante la primera Asamblea de las Religiones del Mundo, que se llevó a cabo en Nueva Jersey en 1985 identifiqué tres tareas esenciales para la gente religiosa.

Primero, todas las tradiciones religiosas deberán respetarse unas a otras y trabajar al menos para prevenir conflictos o guerras entre religiones.

Segundo, todos nosotros, como comunidades religiosas que cooperan, deberíamos servir al mundo.

Tercero, para cumplir la misión de la religión, debemos contribuir al desarrollo de la paz mundial por medio de una organización en la cual participen todos los líderes religiosos.

En la segunda Asamblea de las Religiones del Mundo, realizada en San Francisco hace un año, convoqué la creación de la Federación Interreligiosa para la Paz Mundial. Hoy, con la cooperación de líderes religiosos como vosotros y en presencia de representantes de religiones de todo el mundo, la Federación Interreligiosa para la Paz Mundial está anunciando su histórico nacimiento.

Ha llegado el momento en el que todas las religiones del mundo deberían asumir firmemente la responsabilidad para tratar de conseguir la paz mundial y consecuentemente actuar para cumplir este propósito. No se puede lograr la futura felicidad de la humanidad sólo buscando la prosperidad económica, sino superando los conflictos entre ideologías, culturas y razas a través del entendimiento interreligioso y la armonía espiritual. Por lo tanto, el tema principal de mi mensaje a esta Asamblea Inaugural de la Federación Interreligiosa para la Paz Mundial es: «La misión de la religión en el establecimiento de un mundo de paz».

Nuestro propósito

El ideal del Dios de la creación se centra en el amor verdadero y nos llama a cada uno a existir por el bien de los demás. El propósito de la existencia humana es llevar a cabo una familia, sociedad, nación y un mundo ideal a través de individuos que encarnen ese ideal y cuya mente y cuerpo estén armoniosamente unidos en uno. Sin embargo, por medio del amor falso y el egocentrismo de Satanás, cada ser humano fue transformado en un individuo con desarmonía entre mente y cuerpo. La familia, sociedad, nación y mundo, compuestos por seres humanos caracterizados por tal contradicción, tienen problemas y disensiones que no son otra cosa que la amplificación multidimensional de la desunión y lucha existentes dentro de cada individuo.

El mundo democrático se ha convertido, de modo creciente, en individualista y egocéntrico. Esto es lo que Satanás quiere, y este es el modo en el que el maligno está conduciendo a la mayor parte de la humanidad hacia la condenación. Para frenar este declive, no podemos confiar únicamente en las ideas del "ala izquierda" o del "ala derecha" del espectro político. Necesitamos un pensamiento «ala de cabeza» centrado en el amor verdadero, que trascienda las ideologías tanto de derecha como de izquierda. Necesitamos el «Diosismo», la enseñanza sobre la cual la vida humana debe vincularse a la realidad última, centrada en el amor verdadero.

Como la división en nuestra sociedad y mundo ha sido originada en el amor falso de Satanás, creando discordia entre mente y cuerpo dentro de los individuos, no se podrá lograr la paz verdadera sin una unidad armoniosa en cada uno de ellos. Esta unidad solamente puede manifestarse a través de la experiencia del amor verdadero. La base para la realización de un mundo pacífico no se descubre simplemente buscando soluciones globales, sino más bien a través de individuos y familias. Individuos, cuya mente y cuerpo estén armoniosamente unidos por el amor verdadero de Dios y quienes van más allá del dominio de Satanás, y familias formadas por hombres y mujeres convertidos en sala de alumbramiento para la paz mundial.

La caída humana, surgida por medio del amor falso, creó división entre mente y cuerpo. Como resultado, experimentamos falta de unidad y lucha en las relaciones verticales —con Dios, con nuestros padres, nuestros hijos y nuestros estudiantes— y en las relaciones horizontales —con nuestro cónyuge, nuestros hermanos, amigos y colaboradores. Estas relaciones, en lugar de estar caracterizadas por el amor, se distorsionan debido a la confusión entre el deseo de la mente de servir a los demás y el deseo del cuerpo de satisfacerse a sí mismo. Esta discordia puede ser vista en el sistema de valores (visión mundial) que guía la vida individual y social. La confusión entre mente y cuerpo se extiende a la confusión entre religión y ciencia, entre idealismo y materialismo y entre la búsqueda del valor y la realidad.

De acuerdo al ideal de la creación, cuando la mente y el cuerpo se unen dentro de un individuo ideal, a través del amor verdadero de Dios, los mundos de la mente y del cuerpo, que a su vez son extensión de la mente y cuerpo del individuo, también deberían llegar a vivir en relación armoniosa, sin contradicción. Religión y filosofía representan al mundo interno de la mente; el mundo corporal está representado por la política y la economía.

Así como la mente está en la posición de sujeto y conductor, y el cuerpo está en la posición de objeto para armonizar con la mente, la religión y la política también deberían lograr armonía y unidad en una relación de sujeto y objeto. De lo contrario, la sociedad ideal no podrá ser creada.

Sus mensajeros

¿Cuál ha sido el propósito de Dios al enviar santos y profetas? El deseo de Dios es educar a todos y cada uno de nosotros

Con su esposa Hak Ja Han

sobre su voluntad de amor verdadero, mostrando de este modo un modelo de personalidad y estilo de vida. En particular, la voluntad de Dios se traduce como la unión armoniosa de los mundos de la mente y el cuerpo, centrados en el deseo divino de amor verdadero. Esto puede lograrse educando a gobernantes y líderes acerca del camino celestial, para que de este modo ellos lo practiquen. Pero, a menudo, el cuerpo no sigue lo que la conciencia exige. Muchos gobernantes no han reconocido a hombres justos y santos; no han recibido sus enseñanzas y han ignorado sus advertencias. Quién puede asumir la responsabilidad de resolver la miseria y los males de la sociedad contemporánea? Males como la confusión de valores, la corrupción moral, el consumo de drogas, el terrorismo, la discriminación racial, etc. ¿Pueden los políticos con el poder político resolver completamente tales problemas? Hay una responsabilidad y carga que acompaña las decisiones y elecciones hechas por los políticos. Esto es especialmente verificable en esta era en la que las sociedades son más pluralistas que nunca, y por lo tanto internacionalmente interdependientes. Pienso que los gobernantes, cuando toman una decisión importante, deberían escuchar humildemente la voz venida del Cielo y buscar soluciones siguiendo la trayectoria del camino celestial.

Nosotros deberíamos arrepentirnos de que las mismas religiones, representando al mundo de la mente, no hayan cumplido con su responsabilidad de originar un mundo de paz. No podemos negar el hecho de que las religiones, en sus diferentes corrientes, manifiestan escasez de la energía vital necesaria para conducir y purificar al mundo o, mejor dicho, estén yendo en contra de su misión original. Cada religión debería revitalizar su pureza interna y energía vital a través del amor verdadero de Dios; reformarse a sí mismas en un determinado camino y desarrollar relaciones armoniosas con

En conferencia interreligiosa, con líderes internacionales

Cantando con su esposa

otras religiones de acuerdo a la voluntad de Dios que es el verdadero amor.

La dedicación a Dios y a su gran deseo de verdadero amor debe ser la misión de cada religión. Por ende, el objetivo de la estas no debería ser la prosperidad de su propia organización. Dios demanda que lleguemos a conocer su gran voluntad para salvar al mundo y que lo practiquemos en nuestras vidas. Esto es más importante que estudiar escrituras u observar ceremonias religiosas. Las religiones han fracasado durante demasiado tiempo en relacionarse con el Dios viviente y en tener una fe clara en Él. El Dios que conozco no tiene ataduras en cuanto al contenido de doctrinas hechas por la lógica humana. Él no discrimina entre razas o religiones, puesto que es el origen y padre de todos nosotros.

Por lo tanto, creyentes religiosos deberían seguir completamente el deseo de Dios de amor verdadero para realizar el mundo ideal de paz y la salvación de todas las personas. Dada la realidad contemporánea, la gente religiosa no debería llevar vidas confortables. En su lugar, deben ir por el camino de una fe viva, centrada en el amor verdadero, conversando con el Dios viviente. Esto no puede realizarse en el actual ambiente religioso. Son necesarios cambios sin precedentes a escala global, mediante la unión de todas las religiones, en un movimiento de una nueva dimensión.

La hipocresía de aquellas personas religiosas que no fueron sinceras en la práctica del amor verdadero de Dios, ha conducido a la proliferación del ateísmo. Este mundo debe cambiar. Cada religión debe hacer el esfuerzo de purificarse a sí misma y protagonizar su propia reforma. Todas las religiones deben dejar de lado el afán de lograr su propio beneficio, asumiendo la causa de la salvación del mundo que Dios espera; encabezando el esfuerzo por eliminar la pobreza, la enfermedad y el crimen en el mundo; convirtiéndose en una luz que brilla en este oscuro mundo de los últimos días; asimismo, deben enseñar y guiar a líderes en áreas tales como la política, economía o trabajo social.

Reformando el mundo

Respetados líderes religiosos. Siguiendo la dirección de la providencia de Dios, yo he dedicado toda mi energía al esfuerzo de reformar el mundo y restaurar el ideal de Dios del amor verdadero. A través de las actividades de la Federación Religiosa Internacional —la Asamblea de las Religiones del Mundo, Nueva Era, el Consejo para las Religiones del Mundo, Servicio de la Juventud Religiosa, la Conferencia Interdenominacional para Clérigos y el Seminario Juvenil de las Religiones del Mundo—, he tratado de promover un modelo en la práctica del amor verdadero de Dios, y que la gente religiosa debería encarnar. Estoy haciendo todo lo que puedo por el ideal de un mundo de paz.

Hoy anuncio la publicación del texto *Sagradas Escrituras del Mundo*, finalizado después de cinco años de esfuerzo cooperativo entre eruditos de religión y tras ser revisado y aprobado por las principales religiones mundiales. *Sagradas Escrituras del Mundo* se convertirá en una brillante luz, un volumen de escrituras sagradas que une los valiosos contenidos universales de las religiones mundiales. En particular, se convertirá en un libro de texto para educar a la generación joven, que debe convivir como una familia global. Les enseñará a ser capaces de superar barreras entre religiones, razas y culturas. Creo que a través de este texto, todas las personas no sólo se liberarán de la ignorancia religiosa y de la santurronería, sino que también se darán cuenta del hecho de que hay valores compartidos entre religiones y un fundamento universal, que pesan más que las diferencias que a lo largo de la historia han dividido a las religiones. Doy las gracias a aquellos estudiosos, al Consejo Editorial y a los miembros de cada religión que trabajaron para la publicación del libro *Las Sagradas Escrituras del Mundo*.

Después de esta Asamblea Inaugural de la Federación Interreligiosa para la Paz Mundial, que representa el mundo de la mente, en la posición de "sujeto" para la paz mundial, será inaugurada aquí, en este lugar, una Federación Internacional para la Paz Mundial, representando al mundo corporal, en la posición de "objeto". Líderes de cada rincón del mundo están llegando para este evento. Si estas dos organizaciones cooperan interna y externamente en armonía, y practican la unificación por medio del amor verdadero de acuerdo con el deseo celestial, entonces se conseguirá un mundo de paz. Cuando la unificación de la religión y la política, representando la unificación de la mente y el cuerpo, lleguen a través del amor verdadero de Dios, el mundo de paz no tardará en aparecer.

Respetados líderes de religiones. Cuando reflexionamos sinceramente acerca de esta era, llegamos a saber que estamos en el momento preciso en el cual no solamente se demanda con urgencia la fe, sino también obras y acción.

Los problemas del mundo, incluyendo luchas miserables como guerras raciales y religiosas —que han surgido por la expansión del ateísmo, del hedonismo y del humanismo secular; y a través de la distorsión de la verdadera religión—, son dificultades extremadamente serias. En las sociedades occidentales hay una tendencia a llevar una vida fácil, especialmente ahora que el ateísmo comunista ha perdido terreno. Esta tendencia, sin embargo, viene de una valoración superficial de la situación, fundada sobre la ignorancia acerca de la esencia real de los problemas a los que nos enfrentamos. Mientras no ocurra un nuevo movimiento que despierte el amor verdadero centrado en Dios, la caída de la civilización contemporánea, cuyo núcleo ha sido la sociedad occidental, está llegando y las consecuencias serán más miserables de lo que podamos imaginar.

No se puede abandonar el mundo en su estado actual. No tenemos tiempo ¿Quién puede asumir la responsabilidad de esta generación? ¿Líderes militares? ¿Políticos? ¿Nuevos ingenieros sociales? Nosotros, representando las religiones, deberíamos asumir la responsabilidad. Pido su cooperación activa. El fundamento espiritual para guiar al mundo estará firmemente establecido y el ideal de paz centrado en el amor verdadero de Dios estará completado cuando, a través del movimiento de la Federación Interreligiosa para la Paz Mundial, las tradiciones religiosas históricas avancen en la práctica, de manera armoniosa, hacia un mundo de paz. Cuando todas las religiones del mundo tengan una dirección unificada, la paz de un mundo unificado llegará.

Ruego que Dios proteja el futuro de la Federación Interreligiosa para la Paz Mundial y a todos vosotros representando las tradiciones religiosas del mundo. Que Dios bendiga a cada uno de vosotros y a sus familias. Que os convirtáis en las personas de amor verdadero que puedan llevar paz al mundo.

Gracias.

La renovación de las Naciones Unidas y la creación de una cultura de Paz

8 de agosto del 2000
Sede de las Naciones Unidas, Nueva York

Damas y caballeros, honorables invitados y distinguidos líderes:

Hoy, en este hermoso y solemne edificio donde se reúne la Asamblea General de las Naciones Unidas, les saludo con profundo agradecimiento por brindarme la oportunidad de exponer mi visión con respecto a la futura trayectoria del mundo y de las Naciones Unidas.

El único propósito detrás de todas mis iniciativas a lo largo de los últimos cuarenta años ha sido la realización de un mundo de paz, un mundo deseado tanto por Dios como por el hombre. Este deseo de ver un mundo en paz ha sido el motivo principal de mis esfuerzos para apoyar el entendimiento y la cooperación entre las religiones. En el siglo veinte, la humanidad ha atravesado duros conflictos y actos de violencia inenarrables, especialmente durante las dos guerras mundiales y durante los setenta años de Guerra Fría y comunismo. Al término de la Guerra Fría, el mundo disfrutó de un breve momento de júbilo, como si la paz hubiese llegado. Pero muy pronto la humanidad se dio cuenta de que el fin de la Guerra Fría no implicaba el amanecer repentino de una "era de paz". Incluso en este mismo instante, están teniendo lugar guerras atroces y brutales masacres en numerosos lugares del planeta.

Los conflictos surgen por distintas razones. Pero uno de los factores primarios para su aparición ha sido la profunda falta de armonía que ha existido entre las religiones del mundo. Por lo tanto, como somos testigos de las muchas tragedias que han ocurrido y ocurren en nuestro planeta, deberíamos reconocer la importancia de que las religiones se unan, dialoguen y se abracen.

En la era moderna, en la mayoría de los países, los ideales religiosos ocupan un lugar completamente apartado de los centros de poder político y secular, y la mayoría acepta esta realidad como si debiera ser así. Creo, no obstante, que ha llegado el momento de que las organizaciones internacionales que respaldan el ideal de la paz mundial reconsideren su relación con las grandes tradiciones religiosas del mundo.

En este sentido, la Organización de las Naciones Unidas, más que cualquier otro organismo internacional, puede dar un ejemplo y abrir el camino. El mundo tiene puestas grandes esperanzas en la ONU como una organización que encarna las

Con sus hijos e hijas, nietos y nietas

aspiraciones humanas por la paz. En las Naciones Unidas, los delegados de todos los países trabajan juntos para promover la paz y la prosperidad para toda la humanidad.

A menudo, sin embargo, el esfuerzo que los representantes de las Naciones Unidas hacen para promover la paz se encuentra con una obstinada resistencia. Los logros obtenidos por esta organización han sido muy importantes, pero aún queda mucho por mejorar. Creo que hoy por hoy urge que se impulse el respeto mutuo y la cooperación entre líderes políticos y religiosos dentro de la asociación internacional a través de diversas actividades.

El ideal original para los seres humanos es que vivamos con unidad de mente y cuerpo en consonancia con el verdadero amor de Dios. Debido a que los seres humanos somos la imagen y semejanza de Dios como hijos e hijas suyos, la mente y el cuerpo de cada individuo pueden unirse sin conflicto entre sí. Dentro del Dios absoluto no hay desarmonía entre "Sus características internas y externas", ya no hay contradicción o conflictos dentro de Él.

El ideal humano de conseguir la unidad de mente y cuerpo sólo es posible cuando poseemos el amor verdadero de Dios. El versículo bíblico: «Bienaventurados los pacíficos porque ellos serán llamados hijos de Dios», ilustra ese punto. Los pacíficos son personas cuyas mentes y cuerpos están unidos, centrados en el amor de Dios.

Como resultado de la caída, los seres humanos han perdido el modelo para armonizar la mente y el cuerpo, y la humanidad ha vivido en conflicto y contradicción interior. Ese choque entre la mente y el cuerpo se amplía y se manifiesta en la familia, en la sociedad y en el mundo. Esa lucha entre mente y cuerpo es lo que precipitó al hermano mayor Caín a matar a su hermano menor Abel.

Todos los conflictos y las guerras en la historia han sido esencialmente batallas entre un campo Caín, con tendencia relativa hacia el mal, y otro campo Abel, con tendencia relativa hacia el bien. La humanidad debe detener estas luchas entre campos Caín y Abel, y debe restaurar el estado original de armonía y amor. Para hacerlo, cada uno de nosotros debe terminar el conflicto entre su mente y su cuerpo, y unirlos armoniosamente.

El principio según el cual la mente y el cuerpo deben estar unidos no sólo se aplica a los individuos, sino que debe darse también a escala mundial. Con esta finalidad, he fundado varias organizaciones para lograr la paz mundial. Por ejemplo, he establecido diversas iniciativas interreligiosas, como la Federación Interreligiosa por la Paz Mundial, que promueve la cooperación entre las religiones y que representa el mundo interior de la mente. También, para afrontar temas humanos más inmediatos, que representen el cuerpo, he trabajado con objeto de promover la armonía entre las naciones mediante las actividades de la Federación por la Paz Mundial. Recientemente, he fundado la Federación Interreligiosa e Internacional por la Paz Mundial, anunciando el amanecer de una era en la que mente y cuerpo, o religión y gobierno pueden cooperar.

Los problemas humanos no son enteramente sociales o políticos en su raíz, por lo que, en cuanto a su eficacia, las soluciones sociales o políticas serán siempre limitadas. Las religiones, pese a que la mayoría de las sociedades humanas estén gobernadas por las autoridades seculares, son la esencia de la identidad cultural y nacional. De hecho, en el corazón de casi todas las personas la fe y la devoción religiosa tienen más importancia que las lealtades políticas.

Ha llegado el tiempo en el que la religión se renueve y manifieste un verdadero liderazgo en el mundo. Las personas de

Con su hija In Jin Moon

fe deberían sentirse responsables por el dolor, el sufrimiento y las injusticias que la gente en el mundo experimenta. Las personas religiosas no han sido buenos ejemplos en la práctica del amor y el servicio a los demás. Esta consideración debe llevarnos a una reflexión profunda. Es hora de que la gente religiosa se arrepienta de haber buscado sólo la salvación personal y los intereses particulares de sus propias denominaciones. Estas prácticas han sido un obstáculo para que los cuerpos religiosos puedan dar lo mejor de sí mismos por la salvación mundial. Nuestra era, más que ninguna otra, nos exige que vayamos más allá de nuestras creencias e intereses particulares, y pongamos en práctica nuestro amor e ideales por el bien del mundo.

Dios está llamando a los líderes, en especial a los religiosos, con la esperanza de que se levanten contra las injusticias y los males del mundo, y con el fin de que lleven Su amor al mundo. Por tanto, toda la gente religiosa debe tener un mismo corazón para poder dar una expresión plena, tanto de palabra como en obras, del deseo profundo de Dios por la restauración y la paz de la humanidad.

La paz mundial sólo podrá lograrse plenamente cuando los esfuerzos y la sabiduría de los líderes religiosos del mundo, que representan las preocupaciones internas de la mente y de la conciencia, cooperen respetuosamente con los líderes nacionales que tienen grandes conocimientos y experiencias sobre la realidad exterior. A la luz de esto, ha llegado el tiempo de considerar seriamente la posibilidad de reestructurar la Organización de las Naciones Unidas. Quizás haciendo posible que ésta sea una institución con dos cámaras de gobierno.

La estructura actual de la ONU, compuesta por delegados nacionales, se parece más a un congreso donde se representan los intereses de cada nación miembro. No obstante, propongo que se considere seriamente la formación de una asamblea o consejo de representantes religiosos dentro de la estructura de la Organización. Esta asamblea o consejo se compondría de respetados líderes espirituales en áreas como religión, cultura o educación. Por supuesto, los miembros de esta asamblea religiosa deberían haber demostrado su capacidad para trascender los intereses particulares de naciones individuales y para hablar en favor del mundo entero y la humanidad como conjunto.

Las dos cámaras, cooperando con respeto mutuo, podrían hacer grandes progresos hacia la paz mundial. La visión y la sabiduría de grandes líderes religiosos podrían complementar sustancialmente la visión, la experiencia y la capacidad de los políticos mundiales.

En este mismo momento, se están produciendo innumerables conflictos fronterizos por todo el mundo, con la consecuente pérdida de vidas humanas. Además, debemos tener en cuenta el enorme derroche de dinero que se emplea en sostener conflictos bélicos o en mantener el cese de las hostilidades. Se han desperdiciado muchos recursos y esfuerzos, y, sin embargo, no se han logrado soluciones permanentes a ningún conflicto.

Zonas de paz

Hoy propongo que Naciones Unidas y los líderes religiosos se unan en corazón y puedan aliarse para crear zonas de paz en áreas de conflicto. Aunque las fronteras en disputa pasen por ríos, montañas, campos o el mar, podemos crear zonas de paz a lo largo de ellas.

Esas zonas podrían ser gobernadas directamente por la ONU y se permitiría a personas de todo el mundo dedicadas a la paz asentarse en ellas. Los estados miembros serían responsables de guiar a los que vivan en esas zonas para que encarnen los ideales fundacionales de la Organización y cumplan con sus declaraciones de paz. Esas zonas de paz serían refugios donde pudieran coexistir paz, prosperidad y reconciliación. Estarían libres de discriminación racial y sexual, no sufrirían violación de los derechos humanos ni serían víctimas de guerras. También constituirían refugios ecológicos y ambientales.

Para poder crear dichas zonas de paz, libertad y armonía ecológica, las naciones en cuestión deberían estar dispuestas a ceder el territorio necesario. Lo cual no sería sencillo, ya que habría resistencia a hacerlo, aun siendo para crear zonas de paz. He dedicado muchos esfuerzos para encontrar soluciones a este problema, en particular porque concierne a mi propia nación, Corea.

En conferencias Interreligiosas

Existe un significado providencial en el hecho de que Corea haya sido una víctima de la Guerra Fría. Como sabéis, tanto la división de Corea como el posterior conflicto bélico son el resultado de este enfrentamiento ideológico. La guerra coreana, en la que jóvenes de dieciséis países derramaron su sangre bajo la bandera de las Naciones Unidas para proteger la libertad, fue una contienda sin precedentes en la historia. Siempre me he sentido agradecido a la Organización de las Naciones Unidas y a esos dieciséis países. Pero aun así, no se ha logrado la unificación pacífica de Corea. Por esta razón, he insistido en que la noble misión de la ONU de crear un mundo de paz tiene relación con la providencia de Dios.

Espero sinceramente que la tendencia actual de reconciliación y cooperación entre Corea del Norte y del Sur, que empezó el pasado mes de junio, pueda continuar. Espero que la zona desmilitarizada a lo largo de las 155 millas de la línea de demarcación que cruza la península coreana pueda convertirse en una zona de paz bajo la jurisdicción de las Naciones Unidas y que este organismo tome la iniciativa en esa tarea construyendo salas de exposiciones, museos, aulas de educación y parques para la paz en esta zona, para enseñar a los visitantes importantes lecciones de paz.

Estoy comprando un millón doscientas mil hectáreas de tierra fértil en los países de MERCOSUR, en América del Sur, para compensar a cualquier nación por el territorio que pueda perder como resultado del establecimiento de las zonas de paz de la Organización de las Naciones Unidas. Ya he notificado a los líderes de ambas Coreas que estoy dispuesto a entregarles porciones de esas tierras en América del Sur para su uso.

Al hacer pública esta propuesta, es mi ferviente deseo que líderes del mundo de buena voluntad entiendan este propósito y podamos unirnos. En particular, deseo que se unan para aportar voluntariamente tierras y riqueza monetaria para la creación de zonas de paz supervisadas por la ONU. Esas zonas de paz, bajo el liderazgo de la Organización, permitirán el surgimiento de sociedades morales ideales donde la gente y la naturaleza puedan convivir en armonía.

En diciembre de 1998, en un discurso que di a líderes religiosos del mundo, propuse la creación de un Fondo Internacional para la Paz. Los participantes en la conferencia se comprometieron a iniciar un movimiento para que la gente religiosa del mundo fuera pionera en hacer donaciones por la paz mundial. Propuse que las donaciones se dieran en cantidades relacionadas con el número siete. Debido a las distintas realidades económicas de los individuos y de los países, para una persona puede ser difícil dar incluso siete dólares, mientras que otra podría dar incluso siete millones de dólares. Creo firmemente que si toda la gente religiosa se une de corazón, podremos conseguir ese fondo. Lo recaudado sería usado para crear esas zonas de paz y para la enseñanza tanto de esos ideales como de los métodos para llevarlos a cabo. Además, la ONU podría alentar a todas las naciones y a sus habitantes a que contribuyesen anualmente a este fondo. Estos fondos podrían ser conocidos como la "Cruz Blanca".

Filántropos, empresarios, líderes en otros sectores, junto con individuos y organizaciones, podrían participar activamente en la construcción de las zonas de paz de las Naciones Unidas. De esa manera, serían los primeros en crear un ambiente propicio a la paz y en recaudar los fondos necesarios.

Un consejo interreligioso en la Organización de las Naciones Unidas.

Uno de los motivos por los que fundé la Federación Inte-

Visita a Corea del Norte con el antiguo presidente Kim Il Sung

rreligiosa Internacional por la Paz Mundial fue para ayudar a crear una asamblea interreligiosa que sirviera como senado o consejo dentro de la ONU. Para implementar este plan, propongo que cada nación, además de su embajador, envíe a un emisario religioso a Naciones Unidas que actúe como un miembro de esta asamblea o senado religioso.

La misión de esos representantes hace imprescindible que posean una conciencia ecuménica e interreligiosa y que cuenten con la preparación y capacidad necesarias para enseñar un ideal de paz universal e internacional. La naturaleza y el propósito de su misión serían incompatibles con el fomento de los intereses de una nación en particular. Deben llevar a cabo su cometido por el ideal de la paz en el mundo y por el bien de la humanidad de acuerdo a la voluntad de Dios.

El embajador interreligioso asignado como miembro de este consejo debería tener una conciencia global y ser responsable de representar la visión global de la ONU. En este sentido, esas personas serían emisarios universales de Naciones Unidas. En cualquier lugar del mundo, esos embajadores promoverían la labor de la realización de la paz y el bienestar humano. Asimismo, actuarían como guardianes ecuánimes de los ideales más nobles como son la paz, la seguridad y la justicia.

Esto infundiría confianza en los ciudadanos del mundo, especialmente entre los jóvenes. La gente tendría la oportunidad de ver con sus propios ojos a jóvenes del mundo entero dedicados al verdadero amor y a la paz duradera. Los embajadores ecuménicos y transnacionales seleccionados podrían asistir en la guía y supervisión de distintos proyectos de salud, educación, bienestar o de otros campos, patrocinados por la Organización de las Naciones Unidas.

Conmemorando el ideal del verdadero amor, verdaderos padres y verdaderas familias.

He trabajado a través de diversas organizaciones para educar a la gente del mundo sobre el valor y el significado del verdadero amor y las verdaderas familias, transcendiendo denominaciones y nacionalidades. Al usar el término «verdadero» me estoy refiriendo a que está centrado en el propósito y la voluntad original de Dios. Mis esfuerzos constantes por el diálogo y la reconciliación en este área durante las últimas décadas han demostrado sin lugar a dudas que la base más fuerte para la unidad de la humanidad es el amor esencial y universal generado por verdaderas familias.

Teniendo en cuenta estas consideraciones, me gustaría animar a todas las organizaciones conectadas a la ONU a que actúen en defensa de los ideales del verdadero amor y las verdaderas familias. Me gustaría proponer que dirigentes de

Naciones Unidas proclamen, de acuerdo con los procedimientos y regulaciones existentes, un día especial que pueda conmemorarse en todo el mundo. Tengo entendido que la Organización de las Naciones Unidas declaró el Año Internacional de la Familia y que ha expuesto objetivos en un plazo de diez años, como la Década para Terminar con la Pobreza. En esta misma línea, propongo que Naciones Unidas establezca un día conmemorativo en defensa del ideal de la familia, para que el mundo pueda recordar y celebrar este día cada año.

Específicamente, propongo que se instaure el día de los verdaderos padres para su celebración global. He iniciado ya un día semejante que ha sido firmado por el Congreso de los EE. UU. Cada año, padres y familias ejemplares son premiados por toda la nación. Al celebrar tal día, trascendiendo diferencias culturales, barreras raciales o religiosas, y al amar y apreciarse los unos a los otros, seremos capaces de reconocer plenamente nuestros verdaderos lazos comunes, y de entender lo sublime que es la verdadera familia. Este día será una conmemoración global especial y el comienzo de la celebración de la unidad del planeta como una familia mundial, más allá de la confrontación y la lucha.

Respetados líderes del mundo, unamos nuestras manos y corazones y mejoremos nuestros sistemas y organizaciones para que la maravillosa sabiduría de la religión, junto con eruditos, hombres de Estado, y gente de visión y conocimiento, puedan ser movilizados para remediar la grave crisis de este mundo.

Creo que se podrían dar soluciones a los problemas mundiales si estableciésemos un consejo formulado, compuesto por líderes religiosos cooperando con líderes políticos y diplomáticos de Naciones Unidas. La Federación Interreligiosa Internacional por la Paz Mundial (FIIPM) fomentaría este ideal, ya que la religión puede prestar un gran servicio ofreciendo su guía sobre el Ser Absoluto, la trascendencia, nuestra vida eterna y el mundo espiritual. Para este fin, la FIIPM se sacrificará con devoción con objeto de lograr la paz mundial. Luchará para conseguir el reino de los Cielos, de amor y armonía eternos, y la morada de Dios, donde se honrarán los esfuerzos por la paz de todas las naciones y donde toda la humanidad podría formar una familia universal como hermanos y hermanas con Dios como Padre.

Creo que los líderes mundiales y dirigentes de la ONU, con su conocimiento, experiencia y sabiduría podrán dar muchas sugerencias sobre cómo implementar las propuestas que he presentado hoy. Si trabajamos en equipo y nos esforzamos continuamente, la paz y la felicidad vendrán con toda seguridad a la Tierra.

¡Que Dios les bendiga, y bendiga sus familias y sus cometidos!

Gracias.

Dios es nuestro Rey y nuestro Verdadero Padre

8 de mayo del 2001
Iglesia Bautista Canaán. Harlem, Nueva York

Respetadas damas y caballeros: Me gustaría expresarles mi más sincera gratitud por su participación en este acto, a pesar de sus muchas ocupaciones públicas y privadas. En particular, quisiera agradecer al reverendo Dr. Wyatt T. Walker y a los demás clérigos del área de Nueva York por haberme invitado a estar aquí en el día de hoy. El barrio de Harlem es el corazón de la ciudad de Nueva York, una ciudad que es la capital de la cultura, de las finanzas y de la diplomacia, debido a que constituye la principal Sede de la Organización de las Naciones Unidas. Es también una ciudad cosmopolita, formada por emigrantes llegados de todas partes del mundo.

Entre el 25 de febrero y el 17 de abril de un año que inicia el nuevo milenio, he llevado a cabo con gran éxito una gira

Momentos familiares

por los cincuenta estados de los Estados Unidos, hablando en cincuenta y dos ciudades durante cincuenta y dos días. Hoy me reúno con de nuevo vosotros gracias a la invitación que me han hecho los ministros del área de Nueva York. A lo largo de esta gira, he hablado para audiencias compuestas principalmente por ministros de distintas iglesias sobre el camino que deben seguir América, la humanidad y el mundo, incluso el mundo espiritual.

Cuando tenía dieciséis años, durante las primeras horas del día de Pascua de Resurrección, tuve un encuentro con Jesús y, a partir de ahí, tomé la resolución de seguir el camino marcado por el Cielo para cumplir la voluntad de Dios. He sufrido toda clase de incomprensión y persecución, pero nunca he cejado en el empeño. Por eso he consagrado mi vida entera, más de ochenta años, al esfuerzo de conseguir un mundo de paz basado en el ideal de las verdaderas familias. En 1971 vine a América obedeciendo el mandato de Dios y he ofrecido toda mi fuerza y espíritu en los últimos treinta años con el fin de guiar a América para que cumpla la misión para la que fue elegida como nación, es decir, el cometido de llegar a ser un segundo Israel. Hoy quisiera compartir con vosotros parte del contenido en el que se ha basado la reciente gira de discursos, así como también parte del asunto relativo a la Ceremonia de coronación del reinado de Dios, que tuvo lugar el 13 de enero de este año.

La imagen de Dios se transmite a través del linaje.

Damas y caballeros, en la actualidad más de seis mil millones de seres humanos viven en el mundo. Sin excepción, podríamos incluirlos en dos categorías: hombres o mujeres. De hecho, Dios creó a todos los seres de los reinos mineral, animal y vegetal con las naturalezas *yang* y *yin*. Dios lo creó de acuerdo a un modelo de parejas ya que quería que el universo fuera semejante a Él.

Preguntémonos entonces: ¿quién es Dios para nosotros?, ¿qué relación tiene con la humanidad? Decimos que Él es nuestro «Padre» porque es la fuente del verdadero amor, la verdadera vida y el verdadero linaje. Por eso, la relación original entre Dios y el ser humano es como la que existe entre un padre y un hijo.

No hay nada más importante que el amor, la vida y el linaje. ¿Cuál creéis que tiene más valor? Muchos piensan que es el amor. Sin embargo, por muy valiosos que puedan ser el amor y la vida, estos tienen una naturaleza horizontal. Aparecen y terminan en una sola generación. Sin embargo, el linaje es de naturaleza vertical, imperecedero, perdura generación tras generación.

Nosotros hemos heredado el linaje que procede de nuestros antepasados. Somos como un organismo hecho de células que se inicia en nuestros ancestros y que nos llevaría hasta Adán.

Adán y Eva perdieron la bendición de Dios.

¿En qué situación hemos vivido realmente? Nuestra mente y nuestro cuerpo han estado luchando el uno con el otro desde el comienzo de la historia. Las guerras, tarde o temprano, acaban en una tregua o con la derrota de una de las dos partes, sin embargo, la lucha entre la mente y el cuerpo nunca se ha detenido, continúa sin fin. La mente y el cuerpo no llegaron a formar un ángulo de 90 grados con Dios, mediante el cual la voluntad pudiera controlar al cuerpo completamente. La caída de los antepasados humanos trajo consigo este estado de conflicto. Incluso aquellos que no son religiosos deben reconocer que los seres humanos descienden de antepasados caídos.

¿Expulsó Dios a Adán y Eva del Jardín del Edén antes de que cayeran, o después? Los expulsó debido a la caída, por eso el rechazo se produjo después de la caída, antes, por tanto, de que pudieran formar una relación de amor, vida y linaje con Dios.

Por esta razón, Adán y Eva no pudieron celebrar una ceremonia de matrimonio bendecida por Dios. En su lugar se casaron bajo el dominio de Satán. Al hacer esto heredaron el linaje de Satán, que fue multiplicado por sus descendientes. Por esta causa, Jesús habló tan duramente al señalar que Satán, el diablo, es el padre de la humanidad caída: «vosotros tenéis por padre al diablo y queréis hacer la voluntad de vuestro padre» (Juan 8, 44). La caída destruyó la relación eterna entre padre e hijo, entre Dios por un lado, y Adán y Eva por el otro. En consecuencia, ellos no pudieron generar el amor de verdaderos padres, verdaderos esposos ni verdaderos hijos. Y por ello, Dios nunca llegó a tener nietos de descendencia directa.

Adán y Eva deberían haber evitado la caída y haber crecido hasta la perfección, uniendo su mente y cuerpo centrados en Dios, su verdadero padre. Pero, en lugar de esto, entraron en relación con el enemigo y se encontraron en una situación en la que su cuerpo controló totalmente su voluntad.

La raíz del pecado humano.

¿Cuál es la verdad que se oculta tras la historia de la caída? La Biblia afirma que la caída se originó cuando los primeros antepasados humanos en el Jardín del Edén comieron del fruto del árbol de la ciencia del bien y del mal. Este es un pasaje importante que, al igual que muchos otros en la Biblia, se expresa a través de parábolas y símbolos. No se está refiriendo a un fruto literal. Como dice Jesús en Mateo 15, 11: «no es lo que entra en la boca lo que contamina al hombre, sino lo que sale de su boca, eso contamina al hombre».

Es naturaleza humana intentar esconder nuestros defectos. Cuando un niño se ve sorprendido por su madre robando una galleta, oculta instintivamente sus manos o se tapa la boca. De igual forma, si Adán y Eva hubieran comido un fruto, habrían escondido sus manos o se habrían tapado la boca cuando Dios les llamó. El hecho de que escondieran sus partes bajas demuestra que su delito fue cometido con las partes bajas del cuerpo.

Había cinco figuras masculinas en el Jardín del Edén. En primer lugar Dios, como sujeto frente a todo el mundo creado. Después estaban Adán y los tres ángeles: Lucifer, Gabriel y Miguel. Eva era la única figura femenina. ¿Qué creen que sintieron Adán y Eva al verse desnudos y sin vergüenza en el Jardín del Edén, observando cómo los insectos y otros animales se unían en parejas?

El mandamiento dado en Génesis 2, 17: «No debéis comer del árbol de la ciencia del bien y del mal, porque si lo hacéis moriréis sin remedio», era un serio aviso referente al amor de Eva. Ella debía proteger su pureza sexual hasta alcanzar la madurez de su personalidad, centrada en Dios, y convivir en un matrimonio con la bendición de Dios. Si hubiese tenido éxito, habría multiplicado el amor eterno de Dios, su vida y su linaje.

Sin embargo, Eva cayó, debido a que Lucifer menospreció su posición de siervo y la incitó a tener una relación inmoral movida por un deseo desenfrenado. En la Biblia, 2 Pedro 2, 4 dice: «Dios no perdonó a los ángeles que pecaron, sino que, precipitándolos en los abismos tenebrosos del Infierno, los

Explicando su mensaje a miembros internacionales

entregó para ser custodiados hasta el Juicio». También Judas 6-7 dice: «Y además que a los ángeles, que no mantuvieron su dignidad, sino que abandonaron su propia morada, los tiene guardados con ligaduras eternas bajo tinieblas para el juicio del gran día. Y lo mismo Sodoma y Gomorra y las ciudades vecinas que, como ellos, fornicaron y se fueron tras un uso innatural de la carne, padecen la pena de un fuego eterno como ejemplo». Ciertamente, los ángeles cometieron el pecado del adulterio.

Les repito: el fruto del árbol de la ciencia del bien y del mal simboliza el órgano reproductor de Eva, y Dios le dio el mandamiento para proteger su castidad. Cuando Dios nos creó invirtió toda su alma y su corazón en nuestros órganos reproductores. Él los creó para ser palacios del verdadero amor, la verdadera vida y el verdadero linaje. El relato nos sitúa en el contexto de lo bueno y lo malo para mostrarnos cómo si Eva hubiese mantenido relaciones con un rey, habría dado nacimiento a un príncipe, y si lo hubiese hecho con un mafioso, habría dado nacimiento a un villano.

La cosecha viene determinada por la semilla sembrada. El fruto del árbol de la ciencia del bien y del mal recibió este nombre porque ese fruto podía manifestarse de una forma buena o mala.

El fruto de la inmoralidad sexual

Así es como se produjo el pecado original, la raíz de todos los pecados. Por esta razón, el ser humano tiene que nacer de nuevo. El renacimiento es necesario porque el problema está relacionado con el linaje.

La Biblia describe simbólicamente al arcángel como una serpiente. ¿Por qué? La punta de la lengua de la serpiente está hendida en dos, por eso este reptil simboliza a quién usa su boca para decir dos cosas completamente diferentes, o utiliza cualquier medio a su alcance para llevar a cabo propósitos egoístas.

El órgano reproductor del hombre se parece a la cabeza de una serpiente venenosa. Siempre está buscando un agujero por donde deslizarse. El órgano reproductor de una mujer es cóncavo, como la boca abierta de una serpiente venenosa con sus colmillos. Cuando un reptil así muerde, el veneno se extiende rápidamente por el cuerpo, ocasionando la muerte eterna. El adulterio no sólo destruye al individuo, sino también a la familia, al clan y a la nación. En el Jardín del Edén, Satán destruyó la pureza de la adolescencia. Ahora, estamos cosechando el fruto de ese delito mediante la ola de inmoralidad en que está sumida la juventud de todo el mundo en los últimos días de este tiempo, cuando la historia está llegando a su final.

Si los órganos reproductores son tan importantes, ¿a quién pertenecen? Los órganos sexuales de la esposa pertenecen a su marido, y los del marido a su esposa. En ese contexto, los órganos reproductores de la persona sólo se pueden abrir con una llave y nada más que con una. Bajo ningún concepto podéis hacer una llave de repuesto. Está absolutamente prohibido. El uso erróneo de esta llave conduciría a la destrucción de la familia y de la nación.

La restauración a través de la bendición matrimonial

La caída de los primeros antepasados humanos dio lugar a que Satán tuviese nietos, y evitó que Dios pudiera tener esa experiencia. Debido a que un falso padre influyó en el acto de adulterio, surgió la necesidad de un salvador o Mesías, y de los verdaderos padres. Dado que el matrimonio entre Adán y Eva fue inaceptable a los ojos de Dios, el Mesías debía venir para establecer a los verdaderos padres y restaurar a la humanidad a través de un matrimonio aceptable a los ojos de Dios.

Las ramas del olivo silvestre deben ser cortadas e injertadas en el verdadero olivo.

Por esta razón, Jesús dijo a Nicodemo que nadie puede entrar en el reino de los Cielos sin volver a nacer primero. Todos debemos separarnos del amor, la vida y el linaje falsos e injertarnos en el verdadero amor, la verdadera vida y el verdadero linaje para renacer como ciudadanos del reino de los Cielos.

Es posible injertar de una vez familias, incluso naciones enteras. Por esta causa, la Federación de Familias por la Paz y la Unificación del Mundo, centrada en mis enseñanzas, ha estado trabajando para establecer el reino de los Cielos en la Tierra y en el Cielo a través del ideal de verdaderas familias. Si tenéis dudas sobre esto, os ruego que oréis por ello. Descubrí esta verdad mediante oraciones tan intensas que arriesgaba mi propia vida en ello. No creo que haya nadie que tenga más conocimiento sobre el mundo espiritual y sobre Dios que yo.

La estrategia del Cielo es dejarse golpear primero para, a continuación utilizar este hecho como condición con el fin de lograr algo de la otra parte. Satán golpea primero, pero al final tiene que recompensar los daños causados. El Cielo nos enseña que tenemos que amar incluso a nuestros enemigos. De hecho, el Cielo nos pide que amemos aun a Satán mismo. Tal amor es la prueba de que uno está vivo espiritualmente. Mi encuentro con Mikhail Gorbachev y Kim Il Sung fue para poner en práctica el amor verdadero de Dios de amar al enemigo.

La persecución forma parte de la estrategia de Dios para que podamos heredar todos los derechos que Satán tiene. Me he enfrentado a la oposición de individuos y hasta del cosmos entero, pero esta resistencia sólo ha servido para favorecer mi progreso. Debéis llegar a conocer a Dios plenamente. Por esta razón las ceremonias internacionales de bendición que he oficiado en el nombre de los verdaderos padres, a pesar de la oposición, han servido para liberar a un Dios que ha vivido con pesar y angustia por la caída de los primeros antepasados humanos. Estas ceremonias trascienden diferencias raciales y nacionales, y ayudan a derribar barreras entre enemigos.

Siempre he enseñado que debemos mantener absoluta pureza antes del matrimonio y absoluta fidelidad tras la santa bendición del matrimonio. Al proceder de esta forma, podremos construir una familia que encarne los cuatro atributos del amor de Dios: absoluto, único, inmutable y eterno. El hombre creado de acuerdo a este principio, como contrapartida al verdadero amor, representa al Cielo, la mitad del universo; y la mujer, creada de igual forma, representa a la Tierra, la otra mitad. Por tanto, cuando una pareja se casa en la santa bendición, nunca debe divorciarse. El divorcio divide a padres e hijos. La marea del divorcio, que afecta ya a más del cincuenta por ciento de los matrimonios, destruye totalmente la disciplina social subyacente de la moral y ética humanas.

La relación entre hombre y mujer

Damas y caballeros, ¿ama Dios más al hombre o a la mujer? ¿Qué creéis? Cuanto más tardía es una creación, más valiosa llega a ser, ya que en ella el creador ha invertido más. La mujer fue la última creación y en ella Dios puso todo su ser y corazón. Si os fijáis, la mujer nace y vive más por el bien de los demás que el hombre. Por eso el amor y el interés de Dios tienden a dirigirse más hacia la mujer. ¿Dónde quiere vivir Dios? Si Adán y Eva no hubieran caído y hubieran alcanzado la perfección, uniéndose con un amor verdadero, entonces Él habría morado en ellos. Dios es el dueño del amor vertical y eterno, y el marido es el dueño del amor horizontal.

Por eso la semilla de vida viene de Dios y está dentro del marido. La mujer es como un jardín. Recibe la semilla y sacrifica su cuerpo para proveer alimento, nutrir al feto con amor y, finalmente, dar nacimiento. El bebé recibe de su madre el 99 por ciento de sus huesos y de su carne. Si observáis la figura de una mujer podréis ver cómo ninguna parte de su cuerpo viene dada para sí misma. ¿Existen para ella sus desarrollados pechos y caderas? No. Tiene vida para su bebé. El vientre, del que carece el hombre, así como el ciclo menstrual mensual existen también para los hijos.

¿A quién pertenecen los órganos reproductores de la mujer? ¿Le pertenecen a ella o a su marido? Pertenecen a su marido. Finalmente, podemos ver que la mujer ha sido creada para vivir para su marido y para sus hijos. Por eso, el esposo debe servir a su mujer como si fuera la reina entre las reinas. Cuando la mujer está dando el pecho y alimentando al bebé, el marido debe hacer todo lo que esté en sus manos por ellos.

El marido es el responsable de educar a los hijos para que lleguen a ser hijos de piedad filial, patriotas para la nación, santos para el mundo y, finalmente, hijos e hijas de Dios. De esta manera, el marido y la mujer se relacionan como contrapuestos en la dicotomía sujeto-objeto. El hombre y la mujer tienen el mismo valor desde el punto de vista de su naturaleza. Sin embargo, desde la perspectiva del orden, corresponderá el marido el papel de sujeto en la relación, puesto que posee la semilla de la vida. Junto a él, como contrapuestos al sujeto, la mujer y los hijos deben crear un solo corazón y cuerpo, y ofrecer una verdadera familia a Dios.

Con el Pastor de Estados Unidos Joseph Lowery

Una familia mundial

Damas y caballeros, con la inauguración del nuevo milenio estamos avanzando rápidamente hacia un mundo unificado. Estamos yendo más allá del concepto de «una nación con Dios» y encaminándonos hacia «un universo con Dios». La gran familia humana que predije hace muchos años se está haciendo realidad.

Sin embargo, existen todavía enormes obstáculos en el camino, entre ellos, el racismo y el conflicto religioso. Ambos están en contra de la voluntad de Dios. Dios es el primer antepasado de la humanidad. Por decirlo de alguna manera, los blancos serían como una raza de osos polares. Comenzando en las regiones árticas, se extendieron por Escandinavia y Gran Bretaña, llegando finalmente a todo el mundo. La raza amarilla vivió principalmente en Asia, dedicada a la agricultura. Profesaban un profundo amor por su Tierra, por lo que al desear permanecer en ella, su piel se volvió morena. La raza negra se parece al oso negro de los trópicos. La razón por la que su piel es negra se debe a haber vivido cerca del Ecuador donde los rayos del sol son intensos. Los diferentes colores de la piel no significan nada en términos de superioridad o inferioridad. Es simplemente una cuestión causada por la adaptación a diferentes ambientes.

De hecho, sabemos que la constitución básica de nuestros cuerpos es idéntica en un noventa y nueve o noventa y seis por ciento. Desde el punto de vista de Dios, el color de la piel no tiene ningún valor distintivo. De hecho, el Dios de amor es ciego a los colores. Él no creó diferentes razas con diferentes colores de piel. En el mundo espiritual, no hay gente blanca ni negra. El único color que existe allí es el que corresponde al amor verdadero.

La lucha entre los grupos religiosos es un obstáculo muy serio que está bloqueando el esfuerzo del hombre para conseguir un mundo de paz. Dios no creó denominaciones ni grupos religiosos. De hecho, la religión misma es el resultado de la caída. Satán fomenta los distintos «ismos» y las divisiones religiosas. En el mundo espiritual, no hay barreras entre naciones, denominaciones ni religiones. Es un mundo formado por una enorme familia.

Las palabras de Jesús en Juan 3, 16 («porque tanto amó Dios al mundo que dio a su único Hijo, para que todo el que crea en Él no perezca sino que tenga vida eterna») nos llevan más allá de los límites del cristianismo, revelándonos la naturaleza global, omnipresente y universal de la salvación.

Básicamente, Satán trabaja para edificar barreras entre la gente, mientras que Dios lo hace para derribarlas. Gracias al progreso de la providencia de Dios, en el mundo espiritual ya no hay obstáculos entre las religiones. Los cuatro grandes fundadores: Jesús, Buda, Mahoma y Confucio, pueden ir a todos los lugares y se comunican libremente entre ellos.

Debido a que conozco esta realidad muy bien, he animado a los ministros religiosos durante mi reciente gira por los cincuenta estados para que trasciendan sus denominaciones y se unan entre sí. De hecho, 144.000 iglesias están ahora llevando adelante este movimiento llamado Federación Unida de Iglesias, centrado en la Conferencia Americana de Líderes Religiosos. En el futuro, el modelo de iglesia-hogar, centrado en la unidad familiar, se implementará gradualmente.

Finalmente, las iglesias organizadas, los templos y las mezquitas desaparecerán. Además, el movimiento para acabar con las barreras que impidan un mundo de paz, al que me referí al dirigirme a Naciones Unidas, está progresando con rapidez. La Federación Internacional e Interreligiosa por la Paz Mundial está liderando el camino. También la Asociación Mundial de Organizaciones no Gubernamentales (WANGO) se está extendiendo desde la Sede de la Organización de las Naciones Unidas de Nueva York a todos los continentes y océanos del mundo.

El significado de nuestra era

Damas y caballeros, en este año damos comienzo al séptimo milenio de la historia bíblica y al tercer milenio después

Con su esposa Hak Ja Han

de Jesús. Este es el tiempo de perfección de la "era del Testamento Completo", en el que las promesas del Antiguo y del Nuevo Testamento se están cumpliendo, haciendo realidad el reino de los Cielos en la Tierra y en el Cielo, de acuerdo a la perfección alcanzada en el mundo espiritual.

He conseguido establecer todas las condiciones de indemnización necesarias para la Ceremonia de coronación del reinado de Dios que tuvo lugar el pasado 13 de enero. Fue el día más glorioso en la historia de la Providencia, ya que nuestro Padre en el Cielo fue liberado del camino de sufrimiento que ha tenido que soportar desde la caída de los primeros antepasados humanos. A continuación me gustaría hablar sobre la Ceremonia de coronación del reinado de Dios.

Enseñanzas impartidas durante la ceremonia de coronación

Hemos podido celebrar esta Ceremonia de coronación del reinado de Dios por primera vez porque toda la gente en la Tierra y en el Cielo ha sido bendecida, dando origen a una única nación. Para llegar a este punto, las religiones: el judaísmo primero, el segundo Israel centrado en el cristianismo después, y finalmente Corea, han ido a través del primer, segundo y tercer Israel y por las "eras" del Antiguo Testamento, Nuevo Testamento y Testamento Completo.

El Testamento Completo es la era en que todo el mundo puede ser bendecido.

Debido a la caída de los antepasados humanos, todos los seres creados por Dios no pudieron permanecer en la esfera de la bendición. Por eso, Dios tuvo que educar a la gente mediante distintas religiones, conduciéndolas a través de la providencia de la salvación y elevándolas paso a paso hasta la "era del Testamento Completo".

La gente de religiones periféricas no ha sido tan consciente de ello. El judaísmo y el cristianismo abrieron el camino para servir a Dios como nuestro Padre. Sobre este fundamento Jesús vino como el hijo unigénito de Dios en el fin de los tiempos. Dios perdió toda la historia humana debido al fracaso de Adán y Eva. Sin embargo, por primera vez el hijo cuyo linaje de sangre Dios podía amar, había nacido en la Tierra. Había nacido Jesús como el hijo mayor.

Aunque ese único hijo había nacido no había ninguna «hija unigénita». Dios había creado otra vez a Adán después de cuatro mil años de historia de salvación. Tras la creación de Adán, Dios hizo a Eva como objeto contrapuesto de Adán siguiendo el mismo modelo, aplicando los mismos principios y esquemas que utilizó para crear a Adán.

La Biblia dice que Dios creó a Eva de la costilla de Adán, queriendo decir que Dios utilizó la esencia de Adán para crear a Eva. Por esta razón, el Adán perfecto se encontraba en la posición de ser unigénito de Dios. El Padre encontró ese hijo mediante el linaje directo de amor, pero no así a la «hija unigénita». Para poder encontrar a Eva, Dios tenía que restaurar la historia caída a través de una familia e injertarla a un nivel nacional. Dios preparó a Jacob y a las doce tribus, como pueblo elegido, estableciendo la nación de Israel. Los doce hijos de Jacob conquistaron la Tierra y expandieron el área de victoria. De esta manera establecieron la nación de Israel y el judaísmo, que fue el vehículo de la providencia hasta la venida de Jesús.

La nación de Israel era el aspecto exterior, en la posición de Caín, mientras que el judaísmo era interior, en la posición de Abel. La novia, que llegaría a ser madre, tendría que haber sido elegida sobre el fundamento de la unidad entre Caín y Abel.

Después de esto, sirviendo a Jesús como a un padre, la nación de Israel y el judaísmo debían unirse como Caín y Abel centrados en el linaje de Dios. Entonces, centrados en la familia bendecida de Jesús, se habrían establecido un clan y una nación. Nadie podría haberse opuesto a este hecho. Aun Roma, que dominaba entonces el mundo, no habría podido impedirlo.

Lo exterior es como la carne y lo interior, como los huesos. La carne no puede vencer a los huesos. Si Israel hubiera alcanzado tal posición, la unidad de todas las naciones, la liberación de Dios y la Ceremonia de coronación para el reinado de Dios se habrían logrado hace dos mil años. Pero como Jesús no pudo encontrar esa Eva restaurada y formar una familia, el pueblo elegido de Israel y su nación fueron destruidos. Todo fue perdido.

La misión del cristianismo

Debido a que el fundamento del pueblo se perdió, Israel tuvo que sufrir enormemente. En el siglo séptimo surgió la religión del Islam entre el pueblo que había recibido la bendición de Dios a su regreso de Egipto. Los musulmanes y los israelitas son hermanos, pero se convirtieron en adversarios. Ismael e Isaac eran descendientes directos de Abraham pero se convirtieron en enemigos, que han luchado a lo largo de la historia. Se disputaron Jerusalén y, finalmente, Israel desapareció. Ese Israel perdido debe ser restaurado, pero no por la fuerza.

Si Caín y Abel hubiesen alcanzado la paz en tiempos de Jesús, el conflicto entre la derecha y la izquierda a un nivel nacional se habría solucionado tanto en la Tierra como en el mundo espiritual. Pero debido, a que la nación preparada de Israel fracasó en recibir al Mesías, la segunda llegada del Señor se hizo necesaria. Mediante el cristianismo como segundo Israel, se llegó a conquistar el Imperio romano.

Debido a que Jesús perdió su cuerpo físico, el cristianismo expandió su influencia a una escala mundial desde una perspectiva espiritual. Después de la Segunda Guerra Mundial, el mundo se unió alrededor de la cultura cristiana. Gracias a esta unidad, Satán fue derrotado temporalmente. Las naciones aliadas y sus oponentes podían haber sido restaurados para Dios. Sobre este fundamento, si los católicos y los protestantes hubieran formado una sola cultura cristiana y recibido al Señor de la segunda llegada, (los verdaderos padres de la humanidad), el mundo habría sido unificado. Esto habría tenido lugar en siete años, de 1945 a 1952. La Ceremonia de coronación para el reinado de Dios se habría celebrado en aquel tiempo.

Pero el cristianismo no reconoció la llegada del Señor. Hasta el día de hoy los cristianos han perseguido a la Iglesia de la Unificación. Al igual que el primer Israel y el judaísmo se opusieron al cristianismo, este también se ha opuesto a la Iglesia de la Unificación. Al hacerse mayor esa oposición, las religiones perdieron su fuerza. El cristianismo, el budismo, el confucionismo y el islamismo conservan las formas de una religión, pero su vitalidad espiritual ha declinado. No sólo las religiones sino también las familias, las sociedades, las naciones y el mundo han llegado a ser infernales. El reino ideal del amor de Dios no tiene cabida en esta Tierra. En América, no hay familias en las que marido y mujer, mente y cuerpo, estén unidos según el modelo original. Padres e hijos viven en conflicto. No existen familias en las que padres e hijos estén absolutamente unidos. Están todos divididos dentro de un mundo de individualismo atroz.

El budismo, el confucionismo, el cristianismo y el islamismo han mantenido sus tradiciones dentro de un legado cultural, educando al mundo entero sobre la misión del Mesías. ¿Quién es entonces el Señor de la segunda llegada? Los verdaderos padres.

Jesús y el linaje de sangre de Dios

Los verdaderos padres traen un amor verdadero y un verdadero linaje de sangre. Los padres falsos nos han dado un amor caído y han sembrado un linaje caído. En el mundo original, debemos crear familias verdaderas centradas en Dios, familias de hijos e hijas verdaderos unidos por un verdadero linaje de sangre. Para llegar a ser hijos de los verdaderos padres, nuestro linaje debe estar unido a ellos. Sin esa conexión, la verdadera relación entre padre e hijo es imposible. Ni Dios ni Satán pueden apartar a la gente de su linaje. Por ello, en la "era del Testamento Completo", los errores de la eras del Antiguo Testamento y del Nuevo Testamento pueden ser indemnizados mediante el verdadero linaje de las familias bendecidas por los verdaderos padres.

Debemos implantarnos en el linaje de Dios siguiendo el modelo original. Debemos convertirnos en personas con un solo cuerpo, mente y pensamiento que vayan más allá de la muerte. Satán no puede atacar a alguien que va con un buen corazón por dificultades de vida o muerte a través de los niveles familiar, nacional y mundial. Esa persona estará bajo el dominio directo de Dios y Satán no tendrá poder sobre ella.

Si el pueblo hubiera recibido a Jesús hasta el punto de aceptar la celebración de su propio banquete de bodas, no habría muerto. Satán no habría podido tocarle. Dado que Jesús cumplió con su responsabilidad, entró en el dominio directo de Dios. En ese dominio estaríamos unidos al linaje de Dios, y Satán no podría romperlo. El problema es que no hemos alcanzado ese nivel. Si Adán y Eva se hubieran casado y amado con el amor verdadero de Dios, nunca habrían caído. Satán no hubiera tenido capacidad para separarlos. Ellos se encontraban en el periodo de crecimiento, cuando el fruto no estaba todavía maduro. Un fruto inmaduro no produce semillas. No tiene vida eterna. El lugar adonde van a parar las cosas sin vida es el Infierno, allá no es posible la relación con Dios.

La relación entre padre e hijo se fundamenta en el linaje de sangre. El hijo hereda el linaje de los padres. La herencia de ese linaje no surge espontáneamente. No puede darse a partir de un individuo. Ni el hombre ni la mujer pueden hacerlo por sí mismos. Se requiere de forma indispensable la mezcla de sangre entre el marido y la mujer.

Con el fundamento de la unidad armoniosa de hombre y mujer, los caracteres internos y externos de sus linajes se unen completamente con los principios fundamentales del cosmos. Entonces, la mente sustancial, representando el carácter interior, se manifiesta en un cuerpo constituido por lo esencial e importante, representando el carácter exterior, creando finalmente un ser humano, y trayendo una vida al mundo.

La humanidad desciende de la familia de Adán, es como un árbol gigante que nace de ella. Centrados en Adán y Eva, que fueron creados como seres sustanciales por Dios, nosotros representamos las ramas y hojas que colman el árbol en todas las direcciones. Somos como pequeños talleres que producen ciudadanos celestiales. Y al hacerlo, con la ayuda de los verdaderos padres del Cielo y la Tierra, ganamos la calificación para vivir eternamente en el Paraíso. Así es como participamos en la creación del reino ideal de Dios en el Cielo y en la Tierra.

La prolongación de la coronación de Dios

El cristianismo, trabajando espiritualmente, ha intentado unir a Caín y Abel con la intención de reconciliar las religiones, e incluso construir un puente entre Dios y Satán. Si el Se-

Con su esposa Hak Ja Han

ñor de la segunda llegada hubiese venido sobre este fundamento, construyendo su propia familia verdadera y asegurando la soberanía de Dios, la historia de la restauración habría concluido.

Sin embargo, esta providencia no pudo ser completada. Después de la Segunda Guerra Mundial, América, como segundo Israel, sobre el fundamento del cristianismo, debía haber recibido a los verdaderos padres que vinieron como tercer Adán y Señor del Cielo y de la Tierra. El fundamento para el reino de Dios en el Cielo y la Tierra debía haber sido liberado y establecido, centrado en la creación del reino del tercer Israel.

Han pasado cincuenta y seis largos años desde aquel fracaso. Por ello, el poder celebrar la Ceremonia de coronación en honor de Dios ha sido para mí como un sueño hecho realidad.

¿Quién debía celebrar esta ceremonia? Para poder dar una respuesta, preguntémonos: ¿quién, en un principio, acabó con la esperanza de esta celebración? Fueron Satán y Adán. Ya que Adán y Eva no pudieron asumir la posición de los verdaderos padres, Satán lo hizo, asumió un papel central, y el linaje de sangre de los verdaderos padres no fue establecido. La caída ha dejado la marca del linaje de sangre de Satán, por lo que ni Dios ni Satán han podido negar o invertir sus consecuencias.

Sería difícil para Satán destruir lo que ha creado. A nadie le gusta destruir o modificar profundamente lo que crea. Esto es cierto incluso para Satán. Dios, por sí mismo, no puede invertir las consecuencias de la caída. Si pudiese hacerlo nunca habría perdido, en primer lugar, a la familia de Adán.

Es una cuestión de principios. El Adán perfecto sería la única persona que pudiera reparar lo ocurrido. Tenemos que comprender que la familia perfecta de Adán es la única descendencia que posee la naturaleza original del amor que procede de Dios.

Todo necesita una posición central, un centro del círculo, un punto de referencia. El cumplimiento de la restauración no es una excepción. ¿Cuál es entonces el centro de la familia bendecida? Para responderlo, hagamos una pregunta: ¿quién da la bendición? Los verdaderos padres. Sin embargo, ¿quién oficia los matrimonios en el mundo de hoy? ¿Quién debería oficiar la ceremonia que permitiera a los hijos asemejarse a sus padres y heredar su linaje de sangre? Si no hubiera habido caída, serían los verdaderos padres quienes presidieran estas uniones. Pero, como resultado de la caída, un personaje de tipo angélico, aprobado por el mundo secular, oficia las bodas de nuestros hijos. Desde el punto de vista de su valoración como restaurador del linaje de sangre, es tan nulo como subir una montaña usando una escalera en horizontal.

Restaurando el orden de amor

El 14 de octubre del año pasado, declaré el cumplimiento de la unificación de todas las religiones tanto en el mundo espiritual como físico. Estuvieron incluidos todos los santos en el mundo espiritual, mis propios hijos que están en el mundo espiritual y las parejas bendecidas. Esto permitió que los verdaderos padres fueran el rey y la reina de las familias. ¿Ha habido alguna vez alguien que pudiese proclamar que él o ella son el rey o reina de las familias como representantes del Cielo y de la Tierra, con absoluta pureza? Para poder convertirnos en reyes de la familia, tenemos que llegar a ser padres entre los padres, e hijos primogénitos entre todos los hijos primogénitos.

Entre los hermanos, el primer hijo debería ser el primero en casarse y comenzar su descendencia. Todo tiene un orden. Hay un término en coreano que se podría traducir como 'matrimonio al revés'. Se refiere a la inversión del orden de matrimonio en relación a la edad de los hermanos. Tal disposición se ve trastocada a menudo hoy en día. Este fenómeno, de hecho, refleja el camino de la restauración. La gente sigue cualquier camino, e incluso llega a invertir el orden, cuya alteración no debe durar por más tiempo. Si se olvida la disposición correcta todo se vendrá abajo. El mundo ha llegado a esta situación.

¿Cómo vamos a repararlo? El incesto, las relaciones ilícitas de amor y problemas parecidos derivan de esta confusión. Emparejamientos entre abuelos y nietas, abuelos y nueras, todo vale ahí afuera. Las relaciones incestuosas ocurren porque la gente da vueltas sin tener un eje. No saben si girar uno, 180 o 360 grados. Y por eso abusan unos de otros. En esta era de confusión, caos y desarraigo en el ámbito familiar, todo el mundo deambula de un lado para otro, relacionándose de

Escribiendo con caracteres chinos

cualquier manera, sin sentido del orden, más allá incluso del nivel nacional. El estilo de vida desenfrenado de muchos diplomáticos da testimonio de esta verdad.

¿Quién puede traer orden a este mundo? Dios no pudo interferir en la caída ni en los matrimonios ocurridos bajo el dominio de Satán. De igual manera, en los últimos días, Dios no puede interponerse. Ya que los padres falsos crearon un amor y una vida falsas, los padres verdaderos tienen que rechazarlos y restaurar el amor, la vida y el linaje verdaderos por compensación.

La liberación a través del sacrificio

¿Qué significado tiene el versículo de Mateo 10,39: «el que quiera guardar su vida, la perderá»? Debemos ir más allá de la muerte para cumplir la providencia de Dios. Debemos ser capaces de decir: «tengo energía para hacer el trabajo de Dios aun después de muerto». De esa forma, viviremos. No hay resurrección para los que temen morir y escapan para salvarse a sí mismos.

¿Qué podemos decir entonces de Dios y de los verdaderos padres? ¿Qué le ocurre a Dios cuando da su propia vida voluntariamente? Que, de esa manera, puede vivir. Si Dios viviera para sí mismo, no habría posibilidad de perfección. De esta forma Dios quiere salvar a la humanidad. Si tiras una cuerda por un acantilado para rescatar a los que están abajo, tendrás que tirar de la cuerda hasta salvarlos a todos. De la misma manera, Dios lo da todo por la humanidad y esto le permite vivir. Por eso, el Mesías debe trabajar aún más que Dios y estar dispuesto a dar su vida voluntariamente.

En el mundo occidental la gente pide: «¡libertad, libertad, libertad!». Aunque el sistema educativo occidental es bueno se ve restringido por los límites del mundo caído. Los conceptos de familia, sociedad, mundo y providencia de Dios no existen. En este aspecto, Oriente y Occidente siguen sistemas diametralmente opuestos. La visión de la familia es diferente.

En consecuencia, en los últimos días, el mundo occidental declinará. No se concibe a la tribu, al pueblo, a la nación, al mundo ni al cosmos desde una perspectiva individualista. ¿Cómo podemos despertar este nuevo concepto en el mundo y en el cosmos? El reverendo Moon lo ha enseñado todo, desde una nueva visión de la familia hasta una nueva visión de Dios. Finalmente, tenemos que liberar incluso a Dios. Yo comencé en los niveles más bajos y he llegado finalmente a la posición de poder liberar a Dios.

¿Cómo lo hice? Partiendo del punto más pequeño: la unidad entre mente y cuerpo. Basados en esta unidad absoluta, la familia, la nación y el mundo pueden volver a Dios. Mientras continuemos con un individualismo egoísta, no podremos alcanzar esta posición. El individualismo es el enemigo de la religión, de la conciencia y de Dios. Está directamente conectado a Satán. ¿Habéis venido aquí como meros espectadores? O, ¿habéis venido a escuchar mi mensaje para poder recorrer victoriosamente este difícil curso? En ese curso no tiene importancia si eres un simple trabajador o un licenciado de Yale, Harvard u Oxford.

A quién le gusta más el sexo libre, ¿a los blancos o a los negros? Si le gusta a los negros es porque lo han aprendido de los blancos. La práctica del sexo libre y de la homosexualidad inevitablemente conducirá a la gente a las drogas y al sida, lo que va en detrimento de la supervivencia humana. Es una gran tragedia ver algunas ciudades de África con el 60% de la gente enferma de sida. Si esta tendencia continúa, esas ciudades desaparecerán en quince o veinte años. En dos generaciones, todos morirán. El virus del sida puede permanecer dormido entre ocho y quince años.

Afrontando los problemas primordiales

Pensemos en las Naciones Unidas. Las organizaciones no gubernamentales (ONG) tienen muchos problemas. No quieren tratar temas difíciles. Sus representantes del mundo entero debaten sobre problemas concretos dentro de su campo de influencia, pero cuando oyen hablar de que la ONU debería unir al mundo y resolver problemas como el comunismo y otros, comprenden que eso está más allá de su capacidad, y por eso me ven como alguien que les puede ayudar. Creen que estoy en el camino correcto. No saben cómo abordar problemas como la inmoralidad juvenil, la destrucción de la familia o el sida. Ningún presidente ni secretario general de Naciones Unidas sabe cómo mantener puro el linaje del ser humano. Quizás se estén preguntando: «¿será verdad esta solución, o solo un sueño?».

Me gustaría explicar a continuación las condiciones que debemos cumplir después de la Ceremonia de la coronación del reinado de Dios. Hasta ahora, el problema más grave ha sido el del linaje, nuestro linaje de sangre. Esto es lo más importante. El reinado no es tan importante. Los padres no tienen la misma importancia. La sociedad y el gobierno tampoco la tienen. Ni siquiera la escuela. Las naciones del mundo no pertenecen a Dios, sino a Satán. A la humanidad no le queda otro camino más que seguir las enseñanzas de Dios y de los verdaderos padres.

Una de las razones por la que las naciones libres y democráticas como América están cojeando es debido a que los sindicatos hacen mal uso de su poder. Os diré cómo resolver este problema. Al igual que en una empresa los obreros se afilian a un sindicato, los accionistas también podrían formar un sindicato. Pueden trabajar juntos. De esa manera cada año será más productivo que el anterior. Debería haber beneficios para los dos: para el sindicato de los trabajadores y para el de los patronos. Pueden competir el uno con el otro y ver cuánto beneficio pueden generar en tres años. Si los trabajadores han realizado un esfuerzo, se merecen un incremento salarial. Por otro lado, si los patronos han trabajado más, se merecen recibir más. Con este método, nunca tendrían que luchar. En el Occidente nadie ha tenido esta clase de iniciativa. Tengo otra idea. Voy a hacer una llamada a las organizaciones religiosas y familias bendecidas del mundo para crear un sindicato religioso. ¿Se unirían a él?

Una vez resuelto el problema de los sindicatos, se solucionará también el problema del comunismo. Los países comunistas tales como Rusia, China y Corea del Norte no tienen problemas sindicales. ¿Quién impulsó entonces a estas asociaciones en los países desarrollados? Lo hizo la diplomacia rusa con el propósito de destruir el mundo libre. Animaron a los trabajadores a apropiarse de todo lo que pudieran.

Da igual desde qué perspectiva lo veas, da igual si eres oriental, blanco o negro, son muchos los problemas en los que están sumidos. De ahora en adelante, os guste o no, deberían escuchar lo que tengo que ofrecerles. Depende de vosotros continuar inmersos en problemas y confusión. En este día han decidido estar a mi lado y esta decisión no debe cambiar. Deben actuar ahora basados en un afecto sincero.

No tengáis miedo

¿Qué debemos hacer en este nuevo milenio? Hasta ahora ni Dios ni los padres verdaderos habían sido liberados. Pero, a partir de este momento, tanto los padres del Cielo y de la Tierra como los hijos estarán también liberados. No hay nada que temer. Aunque tengáis que ir a prisión, no debéis tener miedo. Estoy dispuesto a ir al mundo espiritual en cualquier momento. ¿Debéis tener miedo de ir al reino de los Cielos porque todavía sois jóvenes? El cosmos está en nuestras manos. No podéis negar el valor que tenéis como hijos de Dios. No debéis preocuparos.

En este día, a través de la Ceremonia del reinado de Dios, hemos cambiado la nación. Ha llegado el momento de preocuparnos sobre cómo seguir la voluntad de Dios. Él se ha sentido apenado por la historia de consternación. Debemos ser una fuerza de apoyo que permita a Dios cumplir su deseo.

Dios debe ejercer una soberanía completa gracias a este nuevo reinado. Debemos ser capaces de decir a Dios: «Sal fuera, y déjame guiar tu camino. Despiértame por favor y llévame contigo». Vosotros sabéis ser guías, ¿no es así? Os visite Dios o no, tenéis que saber cómo guiarle. De ahora en adelante las cosas van a cambiar.

¿Sabéis cómo lograr la perfección como individuos? ¿Sabéis que la perfección individual llega a través de la unidad entre mente y cuerpo? Por medio de la caída, el cuerpo, al heredar el linaje de sangre de Satán, llegó a ser más fuerte que la conciencia. Este es el problema. Bajo ninguna circunstancia debemos seguir los deseos del cuerpo.

Tres leyes inmutables

Desde ahora tenemos que reconocer y atenernos a leyes inmutables. La primera es que uno no debe manchar el linaje de sangre, aunque tenga que morir. La segunda es no violar los derechos humanos: hombres o mujeres, negros o blancos, todos somos iguales. No debemos discriminar o violar los derechos humanos. Por esta razón, la gente que ocupa puestos de responsabilidad no debe cambiar la posición de otros siguiendo sus propios deseos o caprichos.

Aquel que practique el amor verdadero, defendiendo los derechos humanos de forma correcta, viviendo por los demás, estará siguiendo el curso central. La creación del Cielo y de la Tierra empezó en ese punto. No podemos tolerar a aquellos que actúen diluyendo o debilitando esta forma de pensar. Su violación constituye el segundo de todos los pecados.

La tercera ley es abstenerse de robar dinero para satisfacer deseos egoístas. El setenta por ciento de la gente que está en la cárcel, está allí debido a este delito. Si vais a la cárcel, comprobaréis que es verdad. La violación de los derechos humanos y del linaje son problemas que conciernen al hombre y a la mujer. Y a continuación, vienen los problemas de dinero, los problemas que tienen que ver con el poder y el dinero. Los dos aspectos que, junto con el conocimiento, han gobernado el mundo satánico.

A partir de hoy, el linaje bendecido, que ha sido legado a través de la vida y del amor de Dios, no puede ser contaminado por acciones originadas en hábitos del mundo caído. ¿Podéis ateneros a esta regla? Todas las parejas, aunque su cónyuge haya fallecido, deben prometer hoy que no mancharán su linaje. No deben olvidar este día memorable. Cuando peleen como marido y mujer, tendrán que detenerse inmediatamente recordando el 13 de enero. En Occidente el 13 es un número malo. Si el centro se compone de doce meses, el principio del Cielo y de la Tierra circulará a lo largo del año. Sin embargo, ya que el 13, como número central, no existe, todo estará sumido en el caos, produciendo un mundo equivocado e irracional. El deseo de Dios es poner esta confusión en orden. Por ello, al comprender este principio, debéis ateneros a él, aun-

Con su hijo Hyung Jin Nim

En un acto público

que tengáis que morir mil veces. Este es el momento de ofrecer un compromiso tan indestructible como inamovible.

¿Cuál es la primera ley? ¡La pureza! ¿La segunda? ¡Los derechos humanos! ¿La tercera? ¡El mal uso del dinero! En este día memorable, son absolutamente necesarias estas leyes con el fin de mantener la soberanía, el reinado del Cielo, y poder presentarnos ante él como personas, padres, esposos, hijos, y hermanos y hermanas. No podéis despreciar a vuestro hermano mayor. No podéis despreciar a un hermano menor simplemente porque esté incapacitado. Aunque a la gente en el mundo quizás no le importe, nosotros no podemos despreciar ni descuidar a nuestros familiares ni a nuestros parientes políticos.

¿Cómo debemos vivir?

Aquellos que tienen estudios universitarios menosprecian a los que no han podido terminar la enseñanza secundaria. Esto es pecado. Va contra los derechos humanos. A continuación vendría la corrupción económica. El abuso egoísta del entorno público es tan pecaminoso y terrible como apropiarse de dinero público. Los que lleven un estilo de vida así no triunfarán, por mucho que intenten vivir una buena vida. ¡Intentad vivir de esta manera! Por mucho que oréis a Dios, no podréis evangelizar con efectividad. Cuando tengáis un invitado, este se acercará a vuestra puerta pero se dará media vuelta y se irá. No querrán ni entrar.

El universo entero desprecia a los que tienen deudas. ¿Quién va a querer a alguien en su clan que cree problemas a los demás haciendo que todo el grupo se llene de deudas? Al final, el clan se movilizará para castigar al causante del problema. Ese tiempo está llegando.

¿Comprendéis estos tres puntos? Contad las veces que habéis resuelto en vuestro corazón seguir las leyes del reino de los Cielos. ¿Prometéis hacerlo? Estas leyes se refieren a la pureza, la equidad entre toda la gente y el uso apropiado de los bienes nacionales. Debéis comprenderlas bien y hacer de ellas un hábito de vida. Se evitarán muchos errores si de vuestra boca sólo salen estos principios del reino de los cielos.

No hay duda de que os enfrentaréis a estos desafíos en vuestra vida. Probablemente surgirán muchas situaciones, pero si hacéis un esfuerzo por absteneros de violar estas leyes, los desafíos os harán personas victoriosas. Si conserváis estas leyes celestiales, no necesitaréis las enseñanzas del reverendo Moon. Entraréis de forma natural en el reino de Dios.

¿Qué hacer a continuación? ¿Qué clase de vida querréis mantener? Todos queremos vivir bien. ¿Consideráis entonces que llevar una existencia solos es bueno? ¡No! Debemos convivir. ¿Con qué clase de gente, con qué reglas, en qué ambiente?

Es simple. Hay tres respuestas: la relación padre-hijo, la relación conyugal y la relación entre hermanos. Esta última se refiere a los hermanos que son hijos de unos mismos padres. Por esto, hay un padre y una madre en cada una de nuestras familias. Y de esa pareja surgen hijos e hijas. Esa relación entre hermanos implica tener un mismo padre y una misma madre. Desde mi punto de vista, debemos relacionarnos con los primos lejanos, los parientes políticos y todos los demás familiares siguiendo este modelo de relación filial. Si los esposos ,padres e hijos están unidos, la relación fraternal se produce automáticamente. Las relaciones en esa amplia gama de seres humanos llegan a ser relaciones entre hermanos y hermanas. Hemos sido creados para vivir felizmente en armonía.

Para llevar una vida virtuosa, es necesario un guía. Tenemos que ser ejemplos para los demás. En esto se distingue una vida de virtud. Si no sois un modelo para los demás, no estáis llevando una vida verdadera. Si vuestra vida es un ejemplo para vuestra madre y padre, ante vuestro marido o esposa y ante vuestros hijos, entonces estaréis viviendo una existencia virtuosa.

Objetivos para vuestra vida

¿Qué obtendréis al vivir así? Llegará el día en el que el rey del Cielo y el rey de la Tierra visiten a las familias que lleven una vida ejemplar, y las reconozcan. A principios de cada año, los reyes querrán visitar a una familia. Llegará el día en el que la nación reconocerá a la mejor familia. La familia que reciba este reconocimiento debe estar compuesta por tres generaciones, cada una siguiendo el modelo del fundamento perfecto de cuatro posiciones (la unidad entre Dios, marido y esposa, e hijos). El día en que el presidente lleve ese reconocimiento a la casa de esta familia, llegará.

Hay tres tipos de relación: padres e hijos, marido y mujer, y hermano y hermana. Este último vínculo resulta de la armonía entre todas las relaciones. Por tanto, en la relación entre hermanos y hermanas o entre hijos, para asumir responsabilidad, debéis ser capaces de influir a los demás positivamente, de tal forma que nadie pueda vivir sin vosotros.

De ahora en adelante aunque seáis acusados y ejecutados como traidores a los ojos del mundo, si salvaguardáis absolutamente estos principios, vuestra familia pertenecerá a la familia celestial real y gozará de una libertad, unidad y liberación eternas.

Quiero que recordéis esto con claridad, guardadlo como vuestro lema, como lema del tercer milenio. He hablado de la pureza del linaje, la igualdad de los derechos humanos y la preservación de los bienes públicos nacionales. Es decir, os he exhortado para que no seáis estafadores. ¿Qué viene a continuación? ¡Sed un ejemplo! ¡Un padre ejemplar, una esposa ejemplar, un hijo ejemplar y un pariente ejemplar! Si creáis una familia así, la gente del vecindario dirá: «debemos seguir a esta persona, vivir con ella». Una persona así, que es desde luego un ciudadano del reino de los Cielos, y el Cielo recordará siempre a esta familia.

Os he explicado en este día histórico, el día de la Ceremonia de la coronación del reinado de Dios, los tres principios más importantes que la humanidad debe mantener y por los que os sentiréis verdaderamente liberados en vuestra familia y en vuestra nación. Espero que podáis recordar estos contenidos y guardarlos como objetivos a seguir en vuestras vidas.

En la "era del Testamento Completo", debemos saber sobre el mundo espiritual. ¡Que podáis estudiar sobre el mundo espiritual y Dios, y vivir por los demás! Si lo hacéis, recibiréis la bendición y llegaréis a ser una familia bendecida. Al vivir por los demás, os estaréis preparando para la vida eterna. Todos debemos intentar alcanzar esta fortuna celestial que es superior al fruto de todos los esfuerzos terrenos.

Ante el Dios viviente, con humildad, seamos hijos de piedad filial y lealtad. Lleguemos a ser los hijos sagrados de Dios. A la luz de la soberanía de Dios, en esta "era del reinado", permanezcamos juntos para establecer un mundo de paz, amor y armonía.

¡Que Dios os bendiga y que Dios bendiga a vuestras familias!

Muchas gracias.

El camino hacia la Paz Mundial desde el punto de vista de la Voluntad de Dios

20 de octubre de 2001
Federación Interreligiosa Internacional por la Paz Mundial
Asociación Mundial de Organizaciones No Gubernamentales, Nueva York

Distinguido presidente, líderes mundiales de distintas áreas, embajadores de la paz, líderes de la Federación Interreligiosa Internacional por la Paz Mundial, líderes de organizaciones no gubernamentales, damas y caballeros.

Hoy, en este momento de transición de la historia humana, líderes de todo el mundo preocupados por el futuro de la humanidad están reunidos aquí para considerar cómo solventar la crisis que está afrontando nuestro planeta. Las tragedias ocurridas en Nueva York, en la ciudad de Washington y en Pensilvania el pasado once de septiembre han conmovido al mundo entero. Estas nos han hecho reflexionar no sólo sobre la paz y la seguridad, sino sobre cuestiones fundamentales relativas a nuestra civilización actual y el futuro de la humanidad.

Descubriendo la raíz del conflicto

A lo largo de la historia, los seres humanos han anhelado constantemente la paz mundial. Sin embargo, ese sueño nunca se ha realizado. Pensemos, por ejemplo, en el fin de la Guerra Fría, cuando parecía que años de terribles conflictos políticos y militares habían terminado. Mucha gente pensó entonces que la tan ansiada "era de paz y estabilidad" llegaría de la mano del desarrollo científico.

Sin embargo, hemos visto que los conflictos, el egoísmo y el odio están profundamente arraigados en cada uno de nosotros, manteniéndose siempre activos y provocando tragedias en distintos niveles y formas. La violencia infligida contra seres inocentes es ciertamente un acto inhumano y criminal que debe detenerse. Pero, por otro lado, ¿qué podría erradicar la lucha interna y resolver de raíz los problemas fundamentales del hombre? ¿De dónde procede la semilla del odio, el conflicto y la lucha y cómo llegó a echar raíces tan profundas en nosotros?

La semilla fue plantada en la familia de nuestros primeros antepasados, Adán y Eva. Y los consecuentes conflictos y luchas han continuado de generación en generación hasta hoy. ¿Dónde se encuentra entonces el camino para resolver esos conflictos y traer la paz al mundo? A lo largo de la historia, los seres humanos han intentado superar esos conflictos y buscar la paz mediante medidas económicas, políticas, diplomáticas y militares. No obstante, es obvio que tales medidas no han proporcionado soluciones definitivas ya que todavía seguimos confrontando muchas dificultades sin resolver.

En esencia, no existe más que un camino y este es sencillo. Ese camino supone la restauración de la familia que los primeros antepasados perdieron, es decir, la familia ideal de Dios, una familia cuyo referente es Dios y que ha logrado, tanto vertical como horizontalmente, la perfección del verdadero amor.

Dios es el ser original del verdadero amor y el verdadero padre invisible de la humanidad. Aun así, el amor no existe por sí mismo. Existe gracias a una relación y da su fruto mediante la misma. Por esta razón Dios nos creó como sus hijos, a través de quienes deseaba hacer realidad el verdadero amor.

Las tres bendiciones de Dios:

La primera bendición de Dios para los seres humanos, «sed fecundos» (Génesis 1, 28), exhortaba a los hijos de Dios a convertirse en seres que correspondieran a su amor llegando a ser verdaderas personas. Cuando amamos a alguien, queremos que esa persona sea mejor que nosotros mismos. Por eso, desde el punto de vista del amor, Dios como padre, quiere que sus hijos sean mejores que Él. Dios se da a sí mismo reiteradamente a los seres humanos, seres creados para corresponder a su amor, olvidando constantemente lo que ya ha dado y deseando amar infinitamente. Esto se debe a que el amor surge en el deseo de vivir por el bien de los demás eternamente.

Después Dios dio su segunda bendición: «Multiplicaos» (Génesis 1,28). Los primeros antepasados humanos deberían haber alcanzado la madurez como hijos de Dios. Tras lograr la perfección, uniéndose de corazón con Dios, deberían haberse

Momentos familiares

convertido en verdaderos marido y esposa. A partir de ahí, podrían haber sido verdaderos padres para sus hijos, heredando y trasmitiendo el verdadero amor, la verdadera vida y el verdadero linaje de Dios.

El ideal del Dios de la creación buscaba perfeccionar el verdadero amor, vertical y horizontalmente, empezando por la primera familia de nuestros antepasados. Ya que el amor de Dios es absoluto, único, inmutable y eterno, esa familia, centrada en el verdadero amor, debería haber alcanzado las mismas cualidades. Los seres humanos habrían llegado entonces a ser encarnaciones substanciales del amor, en completa unión con el corazón de Dios, disfrutando de una libertad y felicidad perfectas y haciendo realidad todos sus ideales.

A continuación, deberían llegar a ser dueños del verdadero amor, aceptados y amados por todos los seres del universo. Esa era la tercera bendición de Dios (Génesis 1, 28). Esa bendición permitiría crear un entorno donde experimentar alegría y felicidad en relación con toda la creación. Esto implicaría el cuidado y la preservación del equilibrio ecológico del planeta como verdaderos señores de la creación.

Ni el poder ni el conocimiento, sino el verdadero amor

Desgraciadamente, los primeros antepasados no pudieron heredar las tres bendiciones de Dios y establecer una familia de verdadero amor. No pudieron convertirse en verdaderas personas, verdaderos esposos, verdaderos padres y verdaderos señores centrados en el verdadero amor. Por el contrario, desobedecieron a Dios y Este les expulsó del Jardín del Edén. Como antepasados caídos, llegaron a ser falsos esposos y con un falso amor engendraron hijos que se multiplicarían hasta poblar el mundo actual, ajeno a las bendiciones de Dios.

Desde la caída ocurrida en los orígenes de la historia, los

seres humanos no han podido nacer sobre el fundamento del verdadero amor al servicio de Dios. Por el contrario, hemos vivido en conflicto permanente entre nuestra mente y nuestro cuerpo. Este conflicto provocó la tragedia de odio y asesinato entre los hermanos Caín y Abel ocurrida en la primera familia. Así fue la triste realidad de una familia que abandonó a Dios.

Una familia construida exclusivamente sobre la base de las relaciones humanas no puede llegar a ser la familia del ideal original de la creación. Una familia ideal debe estar conectada a Dios verticalmente y construirse sobre el eje de auténticas personas. Gracias al amor de unos verdaderos padres y de unos hermanos que posean y compartan un eje vertical común, la familia podrá finalmente establecer relaciones de armonía y paz. En una familia ideal, podemos experimentar el verdadero amor que da buenos frutos. La familia es la mejor y original escuela del verdadero amor. El poder o el conocimiento nunca podrán crear verdadero amor.

La pérdida de las bendiciones de Dios.

¡Distinguidos líderes mundiales! ¿Qué sentís al ver la realidad de la sociedad humana y de la juventud del mundo contemporáneo? ¿Tenéis fe en un futuro brillante? Sé que os sentís preocupados por el incremento de la delincuencia, la violencia, el consumo de drogas, la inmoralidad, la corrupción, el embarazo entre las adolescentes y tantas otras cosas. Estos hechos son el resultado de una confusión de valores y presagian un futuro tenebroso para nuestros jóvenes.

¿Cómo hemos llegado a este punto? Un mejor sistema escolar y un restablecimiento en la situación social podrían haber retrasado la aparición de estas difíciles cuestiones pero, a pesar de ello, ese esfuerzo no acometería la causa fundamental del problema que supone tanto desintegración como la pérdida de la familia. Ese deterioro es el resultado del tiempo en que vivimos, una era en la que estamos cosechando lo que fue sembrado con la pérdida de la primera familia de verdadero amor.

La destrucción de la principal escuela del amor conduce al fenómeno de la ruptura familiar con sus desastrosos efectos secundarios. Esta ruptura no sólo nos afecta a un nivel personal sino que también causa una multitud de problemas en los niveles nacional y mundial. Especialmente preocupante es la inestabilidad emocional de los jóvenes, que les lleva a un continuo cambio de metas en la vida, la desorientación espiritual e, incluso, el desprecio por formas de vida sanas.

Los líderes del mundo que se sientan realmente preocupados por el futuro deben tomarse en serio la falta de interés en el matrimonio por parte de los jóvenes, el creciente número de divorcios y demás cuestiones que están arruinando los cimientos fundamentales de la familia.

Una vez perdidas la primera y la segunda bendición, la humanidad no ha podido entender lo importante que es lograr la perfección de nuestra personalidad. Como individuos verdaderos, experimentamos un amor conyugal sagrado y eterno. La mayor parte de nuestra juventud no ha sido educada adecuadamente para entender la importancia de mantener la pureza antes del matrimonio y alcanzar la madurez individual mediante un verdadero amor. Por eso, no conoce el valor del verdadero amor que es la causa fundamental de la alegría, la felicidad y todos los ideales.

La tendencia de tomarse a la ligera la confianza y la fidelidad entre los esposos e ignorar lo sagrado del matrimonio, constituye una de las razones internas que están provocando los indescriptibles desastres y tragedias que azotan a la humanidad.

El verdadero amor se ha quedado fuera de la cultura del llamado amor libre, cultura en la que la gente solamente busca como referente el placer físico entre hombre y mujer, a pesar de su carácter efímero. La rápida expansión del sida y otras enfermedades de transmisión sexual están amenazando la propia existencia del género humano. Parece que no existe un remedio seguro contra el virus del sida. Frente a nosotros, tenemos en estos momentos una preocupación mayor terrorismo que el que hace temblar al mundo, sin que tengamos una gran protección. Una vez infectadas, sus víctimas deben renunciar a sus sueños de felicidad, a sus ideales y hasta a la misma vida. ¿Cómo podemos llamarnos líderes del mundo si no podemos resolver esta plaga que está destruyendo nuestro planeta?

Tampoco nos hemos hecho responsables de la tercera bendición de Dios: «dominar la creación». Esta bendición exige que cuidemos a todos los seres con verdadero amor. ¿Qué pasaría si el mundo natural se rebelara contra la humanidad por los abusos que sufre a manos de quien debería ser su señor? ¿No han empezado a aparecer tales síntomas? Antes de que la naturaleza castigue nuestra intolerable arrogancia, debemos tratarla con verdadero amor, como personas de una integridad restaurada.

Pasos necesarios para la paz mundial

¡Respetables líderes del mundo! Ha llegado el momento de que la humanidad repudie voluntariamente el orgullo, la ignorancia, el egoísmo y el odio. Sigamos las leyes del Cielo y seamos humildes ante Dios.

Desde que Dios me llamó a la temprana edad de dieciséis años, me he dedicado completamente a la realización de la

Posando con su esposa

paz mundial, Su deseo más profundo. Por ello, me gustaría aprovechar estos instantes para anunciar diversos pasos necesarios para lograr la paz mundial.

En primer lugar, debemos vivir por el bien de los demás. Una vida egoísta no sólo es una carga para los demás, sino que también viola las leyes del Cielo. Por el contrario, vivir para los demás es el camino que nos asemeja a Dios. Amar a nuestra familia, a nuestra comunidad, a nuestra nación y al mundo es el camino para heredar el verdadero amor de Dios. De esa manera vivimos de acuerdo a las leyes fundamentales del universo.

Únicamente mediante la práctica del verdadero amor podremos llegar a ser individuos verdaderos, padres verdaderos, maestros verdaderos y verdaderos señores. Y sólo entonces, podremos llegar a ser los líderes que puedan traer paz al mundo. Una vida de dedicación a los demás es la puerta principal hacia la paz mundial.

El camino hacia la paz debe estar basado en última instancia en la ideología del «Diosismo», una enseñanza capaz de abrazar y reconciliar a todas las partes en conflicto, partiendo del campo de las ideas, abarcando el mundo de los hechos, y llegando hasta el punto de partida de los conflictos, constituido por la relación entre Caín y Abel.

¿Cómo podemos romper la cadena de odio y violencia que hay entre ellos? Responder al odio con odio sólo engendra más odio, terror y destrucción. Este encono no puede ser de ningún modo el camino para la paz. Sólo con verdadero amor podremos inspirar, abrazar y educar a las partes en conflicto. El verdadero amor que tiene a Dios como referente no puede verse limitado por fronteras nacionales, puesto que es internacional.

El verdadero amor trasciende los elevados muros que dividen las religiones y las razas, por ello es interreligioso e interracial. El verdadero amor, centrado en el ideal de Dios de vivir por los demás, genera la fuerza para llegar al corazón y al espíritu humano. Únicamente el verdadero amor puede superar los diferentes motivos para los conflictos en la Tierra, tanto si estos están a la derecha como a la izquierda, delante o detrás, arriba o abajo, dentro o fuera. Sólo con verdadero amor seremos capaces de establecer un mundo de paz duradera.

El matrimonio como vehículo para la paz.

En segundo lugar, la familia es la unidad básica para construir naciones sin discordias y un mundo en paz. Como mencioné anteriormente, los conflictos tienen su origen en la primera familia. Por tanto, hasta que no aparezca la familia de los verdaderos padres, nos será imposible entrar en la era de la paz mundial. Las bendiciones internacionales que estoy promoviendo a escala mundial no son meramente ceremonias de boda organizadas por una determinada religión, sino un movimiento para salvar las naciones y el mundo.

Enseñamos a los jóvenes a mantenerse puros antes del matrimonio y a casarse con la bendición de Dios al convertirse en adultos. No obstante, como condición para recibir la bendición matrimonial deben primero prometer fidelidad y confianza absolutas a sus cónyuges. Por ello, la bendición es un movimiento sagrado para construir verdaderas familias y formar verdaderos padres que vivan centrados en el verdadero amor.

Las familias surgidas con semejante ideal y educación no tienen por qué sentirse amenazadas por el virus del sida. Para ellas, evitar esta enfermedad es más fácil que impedir un resfriado. Si educamos a los jóvenes del mundo con esta visión y esta forma de vivir podremos eliminar por completo la epidemia del sida. Además, acabaremos con los estragos causados por la ruptura de las familias.

Estas familias además servirán como piedras angulares para construir naciones y un mundo de paz. Especialmente, si lográsemos que individuos de naciones históricamente enemigas se unan como parientes políticos mediante un verdadero amor, su reconciliación aunaría naciones y razas. Ese sería un gran desafío que debemos superar.

La fórmula suprema para conseguir la verdadera paz se encuentra en unir a hijos de familias y naciones enemigas mediante la bendición matrimonial. Estas familias internacionales e interreligiosas crearían una esfera de bendición, perfeccionando verdaderas familias de verdadero amor, familias deseadas tanto por el Cielo como por la Tierra. De ahí surgiría el mundo de paz eterna anhelado por Dios y por la humanidad.

Un reto para los líderes religiosos.

En tercer lugar, otra condición esencial para la paz mundial es la reconciliación y la cooperación entre religiones. He abogado incansablemente por la armonía y el diálogo interreligioso. Siempre he reservado para este propósito una cantidad de fondos muy superior a la utilizada para el desarrollo de la Iglesia de la Unificación.

¿Creéis que es fácil practicar un amor tan desinteresado con un corazón inmutable? ¡De ninguna manera! Pero no podemos esperar a que el mundo esté en paz si la gente religiosa no está dispuesta a reconciliarse y trabajar unida.

La paz mundial es el ideal original de Dios.

Por eso, los líderes religiosos y sus fieles deben ser guías que lleven al mundo hacia la paz. Si las religiones se empeñan en enfatizar una visión particularista y fracasan en mostrar un verdadero amor por Dios y el universo, no podremos nunca librar a la humanidad de los horrores de la guerra. Frente a la crisis global que estamos atravesando, los líderes religiosos deben practicar el verdadero amor siguiendo humildemente la voluntad de Dios, caminando juntos y trascendiendo los límites de su religión.

La fuerza interna de la religión conmueve el corazón y puede hacer de nosotros individuos de paz. Esta nos ayuda a cultivar la capacidad de autocontrol y a superar el odio y el resentimiento histórico que existe entre nosotros. Es la raíz a partir de la que surgirá la verdadera paz y estabilidad.

Si las religiones se amaran, cooperaran entre sí, se sirvieran y antepusieran el ideal más elevado de la paz a sus doctrinas, ritos y trasfondo cultural, el mundo cambiaría drásticamente.

Yendo más allá del interés nacional.

En cuarto lugar, voy a enfatizar una vez más el papel que debe desempeñar Naciones Unidas para lograr la paz mundial. Como organización que aboga por la paz mundial, Naciones Unidas ha aportado grandes contribuciones.

El año pasado presenté varias propuestas para resolver los problemas fundamentales que plagan nuestro planeta, dado que las circunstancias mundiales han cambiado y las situaciones complejas que deben afrontar actualmente las naciones del mundo son muy distintas a las que había en el tiempo en el que se fundó la Organización de las Naciones Unidas.

Una de esas propuestas había sido el establecimiento de un consejo especial para discutir y evaluar las dimensiones religiosas, espirituales y morales de los problemas mundiales. La Organización debe servir al mundo y al ideal de la creación de

En un acto público

Dios eficazmente. Para hacerlo, deben trascender los intereses políticos y diplomáticos que suelen reflejar los intereses particulares de las naciones. Sólo entonces podrán realmente proteger los derechos humanos de todos los pueblos y naciones y construir un mundo en paz.

Esto no es sólo aplicable a Naciones Unidas. Mantener el orden mundial y salvaguardar la prosperidad pública y la paz será difícil mientras la soberanía política opere sobre la base de los intereses nacionales e ignore o menosprecie los valores morales y espirituales.

Se necesitan líderes de gran nivel que se basen espiritual y moralmente en el ideal de Dios y gobiernen según principios universales. Ningún poder político o autoridad terrenal debería estar por encima de Dios y las leyes celestiales.

Además, Naciones Unidas debería escuchar y aceptar los distintos consejos que le ofrecen las organizaciones no gubernamentales. Por esa razón hemos establecido la Asociación Mundial de Organizaciones No Gubernamentales. Mediante ella, estoy animando a que todas las ONG dialoguen y cooperen entre sí, sin que por ello tengan que perder el espíritu propio de cada una. Quiero que continúen sirviendo al mundo, que sean desinteresadas y que se alejen de cualquier forma de corrupción.

Nuestro reto histórico

¡Respetables líderes del mundo! Aquel que sólo habla de la paz mundial pero no la pone en práctica no es un verdadero líder. Dado el estado en el que el mundo se encuentra, no podemos quedarnos sentados esperando la llegada de la paz mundial. Cada uno de nosotros, los embajadores de la paz y demás líderes, debemos construir la paz mundial con todos los medios a nuestro alcance. Debemos asumir una parte activa como guías en el movimiento para la paz.

Espero y deseo que, centrados en las embajadas por la paz, todas las organizaciones internacionales, incluyendo Naciones Unidas, participen activamente en el movimiento por la paz mundial y la construcción de una nación ideal. Este es nuestro reto histórico.

¡Organizaciones internacionales! Mantengámonos unidos en mente y corazón. Seamos pioneros de la paz mundial empezando por crear familias ideales de verdadero amor y llevando una vida de servicio a los demás.

Que Dios os bendiga eternamente.

Muchas gracias.

www.ingramcontent.com/pod-product-compliance
Ingram Content Group UK Ltd.
Pitfield, Milton Keynes, MK11 3LW, UK
UKHW021908190726
13853UKWH00002B/574